DANKSAGUNG UND VORWORT

Zunächst möchte ich mich an dieser Stelle bei all denjenigen bedanken, die mich während der Anfertigung dieses Buchs unterstützt und motiviert haben.

Ganz besonders gilt der Dank meiner Freundin, die mich während der gesamten Arbeit motiviert hat und es mir nicht übel nahm, dass ich so viel von unserer gemeinsamen Freizeit in dieses Projekt steckte - danke Schatz!

Des weiteren Danke ich Elias D. der mir eine Hilfe war die Formulierungen möglichst allgemeinverständlich und klar zu halten. Auch er ein- oder andere Rechtschreibfehler fiel Ihm zum Opfer.

WAS SIE ERWARTET

Was sie in diesem Buch erwartet ist vor allem eine Einführung in die Programmierung mit Assembler sowie ein Einblick in die Herangehensweise an diverse Problemlösungen anhand einiger praktischer Beispiele.

Wer eine genaue Betrachtung diverser CPU-Architekturen und seitenlange Abhandlungen über interne Vorgänge der CPU erwartet dem lege ich an dieser Stelle das über 4.000 Seiten dicke Entwicklerhandbuch von Intel ans Herz. Wir wollen hier einen praktischeren Ansatz wählen und uns primär auf das grundlegende Verständnis von Assembler und die Herausforderungen bei dieser speziellen Art der Programmierung konzentrieren.

Natürlich werde ich die wichtigsten Grundlagen kurz darlegen und in weiterer Folge bei praktischen Aufgaben weiter darauf eingehen um das Grundlagenwissen weiter zu vertiefen.

MARK B.

64-Bit Assembler Programmierung unter Linux

Einfach erklärt

Impressum

Bibliografische Information der Deutschen Nationalbibliothek: Die Deutsche Nationalbibliothek verzeichnet diese Publikation in der Deutschen Nationalbibliografie; detaillierte bibliografische Daten sind im Internet über http://dnb.d-nb.de abrufbar.

Herstellung und Verlag:
BoD – Books on Demand, Norderstedt

ISBN:
978-3-7519-6012-0

Rechtschreib- und Grammatikkorrektur:
https://mentor.duden.de/

INHALT

ASSEMBLER UND OPCODES

Assembler wird sowohl als Begriff für Programmiersprachen als auch für diejenigen Programme die aus dem Assembler-Code ausführbare Dateien bauen benutzt.

Hierbei kann man anhand der Syntax folgende zwei Schreibweisen unterscheiden:

AT&T - Syntax:
```
mov     $0x1, %rax
```

und die

Intel-Syntax:
```
mov     rax, 0x1
```

Wie Sie sehen sind bei AT&T und Intel die Argumente vertauscht und die Intel-Syntax ist etwas reduzierter. Wir werden in diesem Buch ausschließlich die Intel-Syntax verwenden.

Assembler als Sprache greift auf den Befehlsvorrat der CPU zurück. Dies erlaubt es beispielsweise Programme perfekt auf die entsprechende Hardware zu optimieren auf der anderen Seite werden Programme auf diese Weise nicht wirklich portabel da man zB auf `Syscalls` des Betriebssystems und eventuell spezielle Befehlssätze einer bestimmten CPU-Familie oder -Generation zurückgreift.

So kann man die maximale Leistung der Hardware abrufen aber dies würde im Extremfall auch dazu führen, dass ein Programm auf einem anderen PC mit dem gleichen Betriebssystem aber einen anderen CPU nicht lauffähig wäre. Gleiches gilt natürlich für einen PC mit identer Hardware aber einem anderen Betriebssystem.

Eine CPU versteht nur binäre Eingaben - also eine Folge von Einsen und nullen. Der oben gezeigte Befehl `mov rax, 0x1` würde in binär wie folgt aussehen:

```
10111000000000010000000000000000000000000000
```

Da diese lange Zahlenkolonne etwas unhandlich ist, nutzt man in der Regel die hexadezimale Schreibweise zur Darstellung von Opcodes (Operationcodes) - zB `b801000000`. Meist wird diese nochmals zur besseren Lesbarkeit in einzelne Byte aufgespalten: `b8 01 00 00 00`

Opcodes sind also nichts anderes als die Maschinenbefehle. Da die meisten Menschen weder mit `b801000000` noch mit der Binärdarstellung davon wirklich gut arbeiten könnten, hat man Assembler entwickelt. Man nennt diese auch Programmiersprachen der 2. Generation. Anstatt Binärcode nutzt man deutlich besser lesbare Abkürzungen aus dem englischen - die sogenannten Mnemonics wie zB `mov` für move, `sub` für subtract, `mul` für multiply, usw.

Der Assembler als Programm zur Erstellung von ausführbaren Dateien macht aber noch einiges mehr als nur Mnemonics in Opcodes umzuwandeln. Das Programm nimmt uns auch etwas Arbeit bei der Entwicklung ab, indem es zB Macros zur Verfügung stellt und/oder umwandelt und diverse Berechnungen für uns übernimmt.

Sehen wir uns dazu die ausführbare Datei des "Hello World" Beispiels in einem Hexeditor an:

```
00000000: 7f 45 4c 46 02 01 01 00 00 00 00 00 00 00 00 00   .ELF............
00000010: 02 00 3e 00 01 00 00 00 cd 00 40 00 00 00 00 00   ..>.......@.....
00000020: 40 00 00 00 00 00 00 00 70 02 00 00 00 00 00 00   @.......p.......
00000030: 00 00 00 00 40 00 38 00 02 00 40 00 06 00 05 00   ....@.8...@.....
00000040: 01 00 00 00 05 00 00 00 00 00 00 00 00 00 00 00   ................
00000050: 00 00 40 00 00 00 00 00 00 00 40 00 00 00 00 00   ..@.......@.....
00000060: db 00 00 00 00 00 00 00 db 00 00 00 00 00 00 00   ................
00000070: 00 00 20 00 00 00 00 00 01 00 00 00 06 00 00 00   .. .............
00000080: dc 00 00 00 00 00 00 00 dc 00 60 00 00 00 00 00   ..........`.....
00000090: dc 00 60 00 00 00 00 00 0d 00 00 00 00 00 00 00   ..`.............
000000a0: 0d 00 00 00 00 00 00 00 00 00 20 00 00 00 00 00   .......... .....
000000b0: b8 01 00 00 00 bf 01 00 00 00 48 be dc 00 60 00   ..........H...`.
000000c0: 00 00 00 00 ba 0d 00 00 00 0f 05 eb 02 eb e1 b8   ................
000000d0: 3c 00 00 00 bf 00 00 00 00 0f 05 00 48 65 6c 6c   <...........Hell
000000e0: 6f 20 57 6f 72 6c 64 21 0a 00 00 00 00 00 00 00   o World!........
000000f0: 00 00 00 00 00 00 00 00 00 00 00 00 00 00 00 00   ................
          ... Ausgabe gekürzt
```

Wir erkennen hier zB unseren Opcode `b8 01 00 00 00` für `mov rax, 0x1` und wir sehen auch den Text `"Hello World"`. Greifen wir an dieser Stelle etwas vor und ich zeige Ihnen die Zeile, in der der Text definiert wird:

```
text db "Hello World!", 0xA
```

Hierbei ist `text` ein sogenanntes Label das wir verwenden können um die Speicheradresse von dem Text anzusprechen. `db` steht für define byte und das abschließende `0xA` ist nichts weiter als die hexadezimale Schreibweise für das Newline-Zeichen.

Der Opcode `48 be dc 00 60 00 00 00 00 00` steht für `movabs rsi, 0x6000DC` womit wir dem Programm mitteilen, dass der Text bei der Adresse `0x6000DC` beginnt. Diese berechnet der Assembler für uns und ersetzt jedes Vorkommen von `text` im Programm mit der Speicheradresse.

Wie wir später sehen werden haben wir in dem Programm `mov rsi, text` geschrieben also wurde nicht nur die Speicheradresse berechnet und eingesetzt sonder auch gleich der `mov`-Befehl gegen `movabs` getauscht welcher verwendet wird um eine 64-Bit Adresse in ein Register zu laden. Der Programmcode wird also auch bis zu einem gewissen Grad bei der Umwandlung optimiert.

Als IDE für Assembler wollen wir SASM verwenden. SASM ist für Linux und Windows unter `https://dman95.github.io/SASM/english.html` zu beziehen und kann sowohl mit MASM-, FASM-, NASM- und GAS-Code umgehen. Außerdem bietet die IDE einen Debugger, mit dem wir später noch öfter arbeiten werden.

Laden Sie bitte die entsprechende Installationsdatei herunter, installieren und starten Sie das Programm. Wenn Sie auf `Einstellungen -> Einstellungen` klicken und den Tab `Erstellen` wählen füllen Sie bitte den entsprechenden Zeilen und Felder wie folgt aus:

SASM Einstellungen

Allgemein	Farben	Erstellen

Modus: ◯ x86 ◉ x64

Assembler: ◉ NASM ◯ GAS ◯ FASM ◯ MASM

Assembler Einstellungen: `-g -f elf64 $SOURCE$ -l $LSTOUTPUT$ -o $PROGRAM.OBJ$`

Linker Einstellungen: `$PROGRAM.OBJ$ -o $PROGRAM$`

Assembler Pfad: `nasm`

Linker Pfad: `ld`

Objektdatei Name: `program.o`

Build in current directory: ☒

Linken ausschalten: ☐

ZAHLENSYSTEME

Wenn wir mit Assembler arbeiten sollten wir uns auch kurz die wichtigsten Zahlensysteme genauer ansehen.

Im Falle einer derart langen Kolonne von Nullen und Einsen oder eine Zeichenfolge wie `b801000000` mag es relativ eindeutig sein um welches Zahlensystem es sich handelt aber bei Zahlen wie `10` oder `100` ist die binäre, dezimale und hexadezimale Schreibweise denkbar. Daher wird binären Zahlen ein `0b` und hexadezimalen Zahlen ein `0x` vorangestellt, um das verwendete Zahlensystem explizit anzugeben. Alternativ dazu kann man auch `b` oder `h` hinten anfügen, um einen Wert als binär oder hexadezimal zu kennzeichnen.

So sind die folgenden fünf Befehle gleichbedeutend:

```
mov rax, 0b1010
mov rax, 1010b
mov rax, 0xA
mov rax, 0Ah
mov rax, 10
```

In jedem der Fälle wird dem Register `rax` die Dezimalzahl 10 zugewiesen. Was genau Register sind, sehen wir uns in einem folgenden Kapitel an. In diesem Beispiel müsste man darauf achten, dass man `0Ah` schreibt, nicht nur `Ah` denn sonst würde der Assembler den Wert aus dem ah-Register zuweisen. Bei eindeutigen Zahlen wie zB `10h` für den Dezimalwert 16 ist eine führende 0 nicht nötig.

Ich bevorzuge die Schreibweise mit `0b10` bzw. `0x10` da in diesen Fall ein solcher Fehler erst gar nicht passieren könnte!

Das hexadezimale Zahlensystem
… basiert auf 16. Hierbei stehen die Ziffern 0-9 für die jeweiligen Werte, A entspricht 10, B entspricht 11, usw. bis zum Buchstaben F welcher für 15 steht.

Das binäre Zahlensystem
… basiert auf 2. Es werden also nur die Ziffern 0 und 1 verwendet um eine Zahl darzustellen.

Sehen wir uns das anhand von ein paar Beispielen an:

Zahl	binär	hexadezimal	dezimal
10	0x1 + 1x2 = 2	0x1 + 1x16 = 16	0x1 + 1x10 = 10
11	1x1 + 1x2 = 3	1x1 + 1x16 = 17	1x1 + 1x10 = 11
100	0x1 + 0x2 + 1x(2x2) = 4	0x1 + 0x16 + 1x(16x16) = 256	0x1 + 0x10 + 1x(10x10) = 100
110	0x1 + 1x2 + 1x(2x2) = 6	0x1 + 1x16 + 1x(16x16) = 272	0x1 + 1x10 + 1x(10x10) = 110
111	1x1 + 1x2 + 1x(2x2) = 7	1x1 + 1x16 + 1x(16x16) = 273	1x1 + 1x10 + 1x(10x10) = 111

Wenn Ihnen das nun zu schnell ging oder Sie keine Lust haben, kompliziert herumzurechnen, dann kann ich Ihnen nur empfehlen, ein Taschenrechner-Programm zu nutzen oder die Python Shell:

```
>>> bin(0xb801000000)
'0b10111000000000001000000000000000000000000'

>>> hex(0b10111000000000001000000000000000000000000)
'0xb801000000'

>>> int('0xb801000000', 16)
790290759680

>>> int('0b10111000000000001000000000000000000000000', 2)
790290759680

>>> hex(790290759680)
'0xb801000000'

>>> bin(790290759680)
'0b10111000000000001000000000000000000000000'
```

Der Vollständigkeit halber sollte ich noch das oktale Zahlensystem erwähnen, welches auf der Basis von 8 aufbaut und nur die Ziffern 0-7 verwendet.

Wer wissen möchte wie man in den verschiedenen Zahlensystemen rechnet und/oder wie man manuell zwischen Ihnen konvertiert findet diverse Mathematik-Tutorials auf Youtube.

DIE QUAL DER WAHL

Wie ich bereits angedeutet habe, gibt es nicht nur den einen Assembler und wir können zwischen verschiedenen Assemblern wählen. So gibt es zB MASM von Microsoft, FASM, NASM, GAS, usw.

Die grundlegenden Befehle sind zwar gleich zwischen den verschiedenen Assemblern aber im Detail gibt es viele Unterschiede in den spezifischen Makros, Kürzeln und Befehlen, die der Assembler selber zur Verfügung stellt.

Um das anzusehen, wollen wir zwei "Hello World" Beispiele in FASM und NASM vergleichen:

FASM

```
format ELF64 executable 3

segment readable executable
        entry _start
        _start:
                mov     rax, 1
                mov     rdi, 1
                lea     rsi, [msg]
                mov     rdx, 13
                syscall

                mov     rdi, 0
                mov     rax, 60
                syscall

segment readable writeable
        msg db "Hello World!", 0xA
```

NASM

```
;wird beim Übersetzen angegeben

section .text
        global _start
        _start:
                mov     rax, 1
                mov     rdi, 1
                lea     rsi, [msg]
                mov     rdx, 13
                syscall

                mov     rdi, 0
                mov     rax, 60
                syscall

section .data
        msg db " Hello World!", 0xA
```

Wie wir sehen, sind die eigentlichen Befehle gleich. Was sich unterscheidet, sind die Benennung und die Art wie man die einzelnen Programmteile definiert sowie das eine oder andere assembler-spezifische Schlüsselwort sowie die Art und Weise wie man dem Assembler mitteilt, dass er ein 64-Bit Programm bauen soll.

Im Fall von FASM wird das Programm wie folgt übersetzt:

```
user@linuxpc: ~$ fasm hello_fasm.asm
```

Bei NASM müsste man folgende zwei Schritte ausführen:

```
user@linuxpc: ~$ nasm -f elf64 -o hello_nasm.o hello_nasm.asm
user@linuxpc: ~$ ld hello_fasm.o -o hello_nasm
```

FASM übersetzt das Programm also gleich in einem Rutsch in eine ausführbare Datei.

NASM wird mit -f das Format wie hier zB elf64 für 64-Bit mitgeteilt. Mit -o legt man den Namen der ausgegebenen Objektdatei fest und übergibt als letzten Parameter die Quellcode-Datei. In einem zweiten Schritt kann man dann mit ld oder diversen anderen Programmen aus der Objektdatei das fertige Programm erstellen wobei man hier auch wieder mit -o den Dateinamen für das Programm festlegen.

Wir werden in diesem Buch NASM verwenden. Da weder das Bauen der ausführbaren Programme in der Kommandozeile noch das Entwickeln (ganz speziell von Assembler) ohne Debugger wirklich komforta-bel ist, werden wir zusätzlich dazu eine kleine aber dennoch gut ausgestattete IDE namens SASM verwenden.

NASM kann unter https://www.nasm.us/ für Windows, DOS, OSX und Linux heruntergeladen werden. Sie sollten sich bei dieser Gelegenheit auch gleich das 284 Seiten dicke Handbuch herun-terladen um einen Referenz für die Arbeit mit NASM zu haben.

Linux-Nutzer können NASM in der Regel auch mit dem jeweiligen Paketmanager der Distribution (apt, yum, dnf, ...) installieren.

Als Nachschlagewerk für diverse Hintergrundinformationen und die Befehle der i386 und x64 CPUs kann ich Ihnen das Software Developer Manual von Intel empfehlen, welches unter https://software.intel.com/content/www/us/en/develop/articles/intel-sdm.html heruntergeladen werden kann.

Sie können also gerne als Übung einen beliebigen anderen Assembler nutzen und dann den Code entsprechend anpassen. Vergessen Sie dann bitte nicht auch in SASM die Einstellungen anzupassen.

CPU-REGISTER

Register sind Datenspeicher, auf die der Prozessor besonders schnell zugreifen kann. Diese haben bei einer 64-Bit CPU eine Breite von 64-Bit oder 8 Byte an Daten. Außerdem lassen sich die 64-Bit-Register in einige Sub-Register unterteilen. Sehen wir uns das am Beispiel des `rax` Registers an:

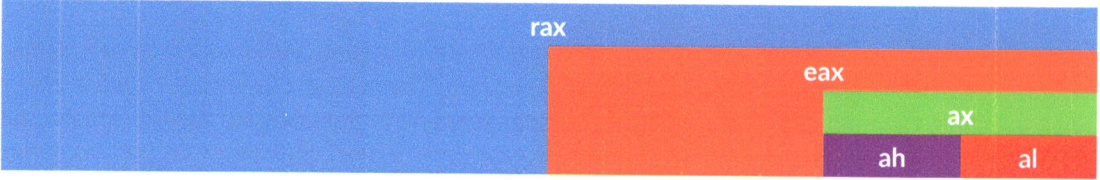

`rax` ... ist das gesamte Register mit seinen 8 Byte an Daten (64-Bit)

`eax` ... ist die untere Hälfte von `rax` und entspricht den alten 4 Byte Registern (32-Bit)

`ax` ... ist die untere Hälfte von `eax` und entspricht den alten 2 Byte Registern (16-Bit)

`ah` ... ist die obere Hälfte von `ax` und kann 1 Byte an Daten fassen (8-Bit)

`al` ... ist die untere Hälfte von `ax` und kann 1 Byte an Daten fassen (8-Bit)

Damit wird auch sichergestellt, das ältere Programme auf neueren CPU-Architekturen laufen können. Auch der grundlegende Befehlssatz der CPUs hat sich seit den 16-Bit Prozessoren nicht geändert. Natürlich kamen immer wieder neue Funktionen, spezielle Register und Befehlssätze hinzu aber der Kern-Befehlssatz blieb gleich.

Heutzutage haben wir folgende Register zur Verfügung:

Bedeutung	64-Bit	32-Bit	16-Bit	8-Bit high	8-Bit low
Akkumulator	rax	eax	ax	ah	al
Base	rbx	ebx	bx	bh	bl
Counter	rcx	ecx	cx	ch	cl
Data	rdx	edx	dx	dh	dl
Source-Index	rsi	esi	si		
Destination-Index	rdi	edi	di		
Zusatzregister	r8	r8d	r8w		r8b
Zusatzregister	r9	r9d	r9w		r9b
Zusatzregister	r10	r10d	r10w		r10b
Zusatzregister	r11	r11d	r11w		r11b
Zusatzregister	r12	r12d	r12w		r12b

Zusatzregister	r13	r13d	r13w		r13b
Zusatzregister	r14	r14d	r14w		r14b
Zusatzregister	r15	r15d	r15w		r15b
Stack-Pointer	rsp	esp	sp		
Base-Pointer	rbp	ebp	bp		

Die Unterteilung der neuen Register r8-r15 sieht die folgt aus - Beispielsweise bei r8:

Diese ganzen Register lassen sich in Programmen verwenden wobei sich die Fälle in Grenzen halten, in denen man den Stack- oder Base-Pointer welche auf die oberste bzw. unterste Speicheradresse des Stacks zeigen sollen, von Hand verändern müsste. Es ist jedoch möglich, wobei man damit auch sehr schwer zu findende Bugs in sein Programm einbauen kann.

Außerdem stehen folgende zusätzliche Register zur Verfügung, mit denen man nur indirekt arbeiten kann:

Bedeutung	**64-Bit**	**32-Bit**	**16-Bit**	**8-Bit high**	**8-Bit low**
Instruction-Pointer	rip	eip	ip		
Flags-Register	rflags	eflags	flags		

Der Instruction-Pointer lässt sich nicht direkt verändern und Befehle wie mov rip, 0x1 führen zu einem Symbol 'rip' undefined Error beim übersetzen des Programms. Der Wert von rip, eip bzw. ip zeigt immer auf die nächste Anweisung und wird nur indirekt beim Ausführen einer Anweisung verändert bzw. aktualisiert.

Neben diesen allgemeinen Registern gibt es noch weitere spezielle Register für bestimmte Befehlssätze mit denen wir uns in diesem Buch allerdings nicht ausführlich beschäftigen werden:

```
FPU-Register    fpr0 - fpr7
MMX-Register    mmx0 - mmx7
SSE-Register    xmm0 - xmm15
```

DAS FLAGS-REGISTER

... dient dazu, bestimmte Zustände und Ereignisse mitzuteilen. Diese werden von bestimmten Befehlen wie zB den bedingten Sprungbefehlen (je, jne, jg, jl, jz,...) ausgewertet.

FLAGS				
Bit	**Kürzel**	**Bezeichnung**	**1**	**0**
0	CF	Carry Flag	Carry	Kein Carry
1		Reserviert		
2	PF	Parity Flag	Gerade	Ungerade
3		Reserviert		
4	AF	Auxiliary Carry Flag	Auxillery Carry/Borrow	Kein Carry/Borrow
5		Reserviert		
6	ZF	Zero-Flag	Erg. war Null	Erg. ungleich Null
7	SF	Sign-Flag	Erg. war negativ	Erg. war positiv
8	TF	Trap-Flag		
9	IF	Interupt enable Flag	Interupt aktiviert	Interupt deaktiviert
10	DF	Direction-Flag	Runter	Rauf
11	OF	Overflow-Flag	Overflow	Kein Overflow
12, 13	IOPL	I/O Privilege Level		
14	NT	Nested Task Flag		
15		Reserviert		
EFLAGS				
16	RF	Resume flag		
17	VM	Virtual 8086 mode Flag		
18	AC	Alignment Check		
19	VIF	Virtual Input Flag		
20	VIP	Virtual Interrupt Pending		
21	ID	CPIDI Instruction Flag		
22-31		Reserviert		
RFLAGS				
32-63		Reserviert		

Die meisten Flags werden für spezielle Anwendungsfälle benötigt aber die wichtigsten Flags werden wir uns im folgenden Kapitel genauer ansehen.

Auch das Flags-Register kann nicht direkt beeinflusst werden - zumindest der größte Teil davon. Lediglich einige wenige Bits kann man von Hand setzen, resetten oder negieren.

In der Regel wird dieses Register bzw. die Bits darin bei der Ausführung von anderen Befehlen gesetzt. Um eine bessere Vorstellung davon zu bekommen was genau passiert werden wir uns nun die wichtigsten Befehle genauer ansehen.

DIE WICHTIGSTEN ASSEMBLER BEFEHLE

In diesem Kapitel wollen wir uns die wichtigsten Befehle näher ansehen und die Arbeitsweise und auch die Effekte auf das Flags-Register genauer untersuchen.

Außerdem wollen wir uns mit gängigen Stolperfallen beschäftigen, die immer wieder zu allen möglichen schwer zu findenden Fehlern führen. Wenn wir gerade von Fehlern sprechen - diese kann man in folgende drei Kategorien aufteilen:

1) Syntaxfehler
Diese Fehler treten bei der Übersetzung des Programms auf und sich sehr leicht auszumachen denn der Compiler / Assembler / Interpreter wird diese direkt mit einer Fehlerbeschreibung und meist auch mit einer Zeilennummer bemängeln. - Schreiben Sie bitte folgendes Programm:

```
section .text
     global  _start
     _start:
          mow    rax, 1
```

Sobald Sie es mit user@linuxpc: ~$ **nasm -f elf64 -o test.o test.asm** übersetzen bekommen Sie folgende Meldung:

```
test.asm:6: error: parser: instruction expected
```

Dies ist auch klar, denn den Befehl mow gibt es nicht - es sollte mov heißen. Mit instruction expected versucht NASM uns darauf hinzuweisen, dass an dieser Stelle keine gültige Anweisung steht, obwohl eine gültige Anweisung erwartet wird.

Sie sehen also diese Fehler sind sehr leicht zu finden. Schwieriger wird es mit den folgenden zwei Kategorien.

2) Runtime- bzw. Laufzeit-Fehler
Um diese Fehler leichter zu verstehen passen wir das oben gezeigte Programm wie folgt an:

```
section .text
     global  _start
     _start:
          mov    rax, 1
          mov    rbx, 0
          div    rbx
```

Nun können wir das Programm wie bereits zuvor gezeigt übersetzen und wir bekommen keine Fehlermeldung mehr.

Dann bauen wir die ausführbare Datei mit `user@linuxpc: ~$ `**`ld -o test test.o`** und auch das wird klappen, wenn Sie sich nirgendwo vertippt haben.

Sobald wir das Programm mit `user@linuxpc: ~$ `**`./test`** ausführen, erhalten wir folgenden Fehler:

`Gleitkomma-Ausnahme (Speicherabzug geschrieben)`

Das Programm ist also zur Laufzeit abgestürzt und wir wissen in dem Fall auch nicht genau an welcher Stelle. Lesern mit Programmiererfahrung haben sich wahrscheinlich schon denken können das wir hier eine Division durch Null produzieren und diese dann in einem Fehler endet.

Wenigstens wird ein Speicherabzug, auch `Coredump` genannt, geschrieben den man analysieren kann. Wie dies in Ihrem System erfolgt und wo diese gespeichert werden, entnehmen Sie bitte dem Handbuch Ihrer Distribution.

3) Logische Fehler
Sind die schlimmste Kategorie von Fehlern und oftmals sehr schwer zu finden. Weder gibt es einen Fehler beim Übersetzen noch stürzt das Programm während der Laufzeit ab. Es liefert aber falsche bzw. unerwartete Ergebnisse.

Wir werden bei den mathematischen Operatoren ein solches Beispiel durchgehen bei dem 1 + 2 plötzlich 259 ergibt.

Um Laufzeitfehler oder logische Fehler zu finden, nutzt man in der Regel Debugger. Diese Tools sind für Entwickler unerlässliche Helfer, ohne die eine Fehlersuche in vielen Fällen kaum möglich wäre!

Daher werden wir von nun an SASM als IDE verwenden denn auch dieses Tool hilft uns bereits bei der Eingabe des Codes durch die Syntaxhervorhebung.

Öffnen Sie das Testprogramm von vorhin in SASM und ändern Sie ein `mov` in `mow` ab und Sie werden feststellen, dass das `mow` in Schwarz und das `mov` in Blau dargestellt werden. Damit teilt uns die IDE mit, dass `mov` ein Befehl ist und `mow` nicht. Allein dadurch kann man schnell auf derartige Fehler aufmerksam werden.

TRANSFER- UND FLAG-BEFEHLE

Wir haben bereits mit einigen Befehlen gearbeitet, ohne diese näher zu erklären. Das werden wir nun endlich nachholen. Schreiben Sie bitte folgendes Programm in SASM:

```
section .text
    global _start

    _start:
        ; set and exchange values
        mov     rax, 10
        mov     rbx, 20
        xchg    rax, rbx

        ; carry flag
        stc
        clc
        cmc
        cmc

        ; direction flag
        std
        cld

        ; exit
        mov     rax, 60
        mov     rdi, 0
        syscall
```

Speichern Sie dieses Programm unter einem beliebigen Namen und starten Sie den Debugger von SASM mit einem Klick auf das unten gezeigte Play-Symbol mit dem Käfer (rot eingerahmt):

Damit starten wir den Debugger. Sie sollten nun folgendes Fenster sehen:

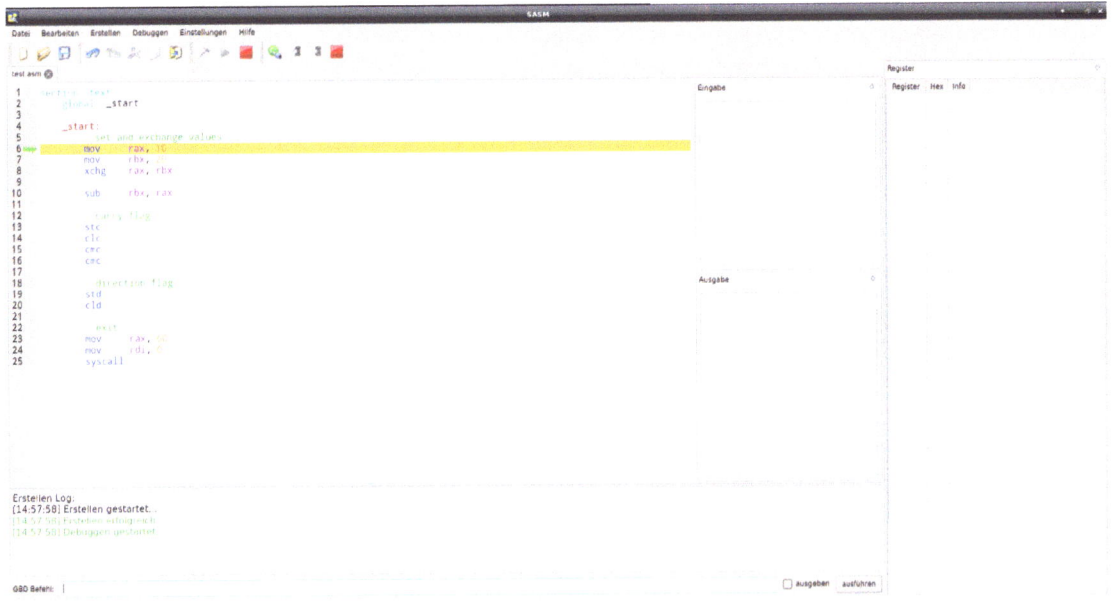

Sollten Sie die Leiste ganz rechts mit den Registern nicht sehen dann drücken Sie `Strg + R` oder Klicken Sie im `Debuggen`-Menü auf `Register anzeigen`.

EXKURS DEBUGGING

Sobald Sie den Einzelschritt-Button (violett eingerahmt auf dem vorigen Bild) betätigen wird eine Code-Zeile ausgeführt und die Register aktualisieren sich. Außerdem wandert der gelbe Balken der die aktuelle Zeile markiert nach unten.

So können wir das Ergebnis der vorherigen Zeile betrachten bevor wir die aktuelle Zeile ausführen.

Mit dem Prozedurschritt-Button können Sie einen Funktionsaufruf im ganzen Überspringen, ohne in die Funktion hineinzugehen, wie sie es mit dem Einzelschritt tun würden.

Mit dem Stop-Button können wir die Ausführung abbrechen. Wenn wir auf der linken Seite eine der Zeilennummern im grauen Bereich anklicken, erscheint ein roter Punkt daneben. Dies ist ein soge- nannter "Breakpoint" an dem das Programm anhält. Bei einem langen Programm möchte man sich eventuell nur eine bestimmte Funktion ansehen und nicht immer alle Schritte davor manuell durch- laufen und genau dazu gibt es Breakpoints.

Nachdem wir den Debugger gestartet haben wurde aus dem Play-Symbol mit dem Käfer ein Kreis mit Käfer. Klicken wir diesen Button erneut an, dann läuft das Programm bis zum Erreichen des nächsten Breakpoints oder bis zum Programmende, falls es keinen Breakpoint bei der Ausführung trifft.

Die Zeile `section .text` leitet den Code-Teil des Programms ein. Ein Programm kann weitere Teile besitzen, in denen zusätzliche Daten abgelegt werden. Diese sehen wir uns in späteren Beispielen genauer an.

`global _start` definiert den Startpunkt des Programms (das Label `_start`) als global um Linker-Fehler zu vermeiden. Die Einrückung der Zeilen die in einen Programmteil gehören bzw. weitere Einrückungen um die Zugehörigkeit zu einem Label zu kennzeichnen dienen nur der Übersichtlichkeit und sind nicht zwingend nötig.

Da man in Assembler allerdings viel mit Sprüngen arbeiten muss, schreibt man Code, der abfällig als Spagetticode bezeichnet wird. Da dies mangels besserer Alternativen nicht anders möglich ist, sollte man sich um jedes bisschen an Übersichtlichkeit bemühen, um sich im Code leichter zurechtzufinden!

`_start:` ist schließlich das Label, das den Startpunkt des Programms markiert. Bei `ld` sollte dieser zwingend `_start` heißen und bei der Verwendung von `gcc` sollte das Label `_main` heißen. Sie können sich hier also nicht einfach selbst was einfallen lassen.

Alle Zeichen nach einem `;` sind Kommentare und werden bei Übersetzen des Programms entfernt. Kommentare dienen nur als Notizen und Erklärungen, die der Programmierer für sich oder andere im Quellcode hinterlässt.

Nachdem Sie nun wissen, wie Sie mit dem Debugger arbeiten führen Sie die erste Zeile aus und sehen Sie sich die Register genauer an.

Sie werden sehen, dass das Register `rax` nun den Wert `0xa` hat und unter Info sehen Sie den Wert nochmals im Dezimalsystem dargestellt als `10`. Außerdem sehen wir weiter unten das `eflags`-Register hat den Wert `0x202` und auch hier hilft uns SASM und stellt es unter Info als `[ IF ]` dar um uns zu zeigen das nur das `Interrupt Enable Flag` gesetzt ist.

`mov rax, 10` (move) bewegt also den Dezimalwert `10` in das rax Register und ist nichts weiter als die Zuweisung eines Wertes.

Die Register kann man mit Variablen aus anderen Programmiersprachen vergleichen, nur das diese fest vorgegeben sind und man mit der vorgegebenen Anzahl auskommen muss und natürlich mit dem festgelegten Speicherplatz.

Wenn Sie die nächste Zeile ausführen werden dem `rbx`-Register `0x14` bzw. `20` zugewiesen und es werden dabei keine weiteren Flags gesetzt.

xchg rax, rbx (exchange) vertauscht die Werte von rax und rbx wobei auch keine weiteren Flags gesetzt werden.

stc (set carry) setzt das Carry Flag und wenn wir uns nun das eflags-Register ansehen, sehen wir in der Info-Spalte [CF IF].

clc (clear carry) löscht das Carry Flag wieder.

Das erste cmc (complement carry) invertiert den Status des Carry Flags und es ist wieder gesetzt. Nach dem zweiten cmc verschwindet das Carry Flag wieder.

std (set direction) setzt das Directio-Flag und cld (clead direction) löscht es wieder.

Die Zeilen

```
mov rax, 60
mov rdi, 0
syscall
```

dienen dazu das Programm zu beenden und dem Betriebssystem mitzuteilen, dass das Programm nicht abgestürzt ist sondern erfolgreich beendet wurde. Was genau Syscalls sind, werden wir im nächsten Kapitel beleuchten. Das nächste Programm was wir uns ansehen wollen, ist folgendes:

```
section .text
    global  _start

    _start:
        mov     al, 2
        mov     ah, 1
        cbw

        mov     eax, 0b10000000000000000
        mov     ax, 2
        cwde

        ; exit
        mov     rax, 60
        mov     rdi, 0
        syscall
```

Auch hier werden wir das Programm wieder zeilenweise ablaufen lassen.

Die zwei mov-Befehle kennen wir schon aber sehen wir uns genauer an was da in den Registern passiert:

mov al, 2 setzt in das Register al (1 Byte / 8 bit) den binären Wert 00000010:

... ah			al								Erg. in rax
Bit	...	2	1	8	7	6	5	4	3	2	1	
Wert	...	512	256	128	64	32	16	8	4	2	1	
	...	0	0	0	0	0	0	0	0	1	0	1 x 2 = 1

Wenn wir nun mit mov ah, 1 setzt in das Register ah (1 Byte / 8 bit) den binären Wert 00000001 setzen verändert sich das rax-Register wie folgt:

... ah			al								Erg. in ax / eax / rax
Bit	...	2	1	8	7	6	5	4	3	2	1	
Wert	...	512	256	128	64	32	16	8	4	2	1	
	...	0	1	0	0	0	0	0	0	1	0	1 x 256 + 1 x 2 = 258

Aus Platzgründen haben wir hier nur die ersten 2 bit von ah betrachtet. Wie wir bereits gelernt haben sind ah und al der obere bzw. untere Teil von ax und eax ist der untere Teil von rax. Da wir im Debugger das gesamte rax-Register betrachten, erhalten wir hier also die Summe von 258 angezeigt.

Wenn wir cbw (convert byte to word) ausführen wird der al-Register auf ax erweitert und so der Inhalt von ah durch die neue binäre Zahl 00000000 00000010 überschrieben. Ein 8-Bit Wert wird übrigens auch als Byte bezeichnet, ein 16-Bit Wert als Word, ein 32-Bit Wert als Double Word und ein 64-Bit wert als Quad Word.

Daher zeigt der Debugger nun auch wieder 2 als Wert für rax an.

Mit mov eax, 0b10000000000000000 und mov ax, 2 führen wir die gleiche Ausgangssituation wie zuvor ah und al herbei - diesmal nur mit den Registern eax und ax also im 16- und 32 Bit Kontext.

Nach diesen Zeilen steht in rax der Dezimalwert 65538. Sobald wir nun cwde (convert word to extended double) ausführen passiert das Gleiche wie zuvor - der Wert von ax wird auf eax erweitert und darum steht das rax-Register wiederum auf 2.

ARITHMETIK-BEFEHLE

Als Nächstes wollen wir uns die mathematischen Operationen ansehen sowie die Schwierigkeiten und Probleme die uns bei der Arbeit mit den festen Bitwerten der Register erwarten. Dazu nutzen wir folgendes Programm:

```
section .text
    global _start
    _start:
        mov rax, 100
        mov rbx, 200
        add rax, rbx

        mov al, 1
        mov bl, 2
        add rax, rbx

        mov rax, 100
        mov rbx, 200
        add al, bl

        mov rax, 100
        add al, bl
        adc ah, bh

        mov rax, 100
        mov rbx, 200
        sub al, bl

        mov rax, 100
        inc rax
        dec rax

        ; exit
        mov rax, 60
        mov rsi, 0
        syscall
```

Zuerst belegen wir die Register rax und rbx mit 100 bzw. 200 und addieren dann mit add rax, rbx die zwei Werte wobei das Ergebnis in rax gespeichert wird. Man kann diese Zeile quasi als rax = rax + rbx verstehen.

Bevor wir weitermachen sehen wir uns zunächst mal an wie das `rax`-Register nun aussieht:

	... ah			al								Erg. in ax / eax /rax
Bit	...	2	1	8	7	6	5	4	3	2	1	
Wert	...	512	256	128	64	32	16	8	4	2	1	
	...	0	1	0	0	1	0	1	1	0	0	256 + 32 + 8 + 4 = 300

Wie wir sehen passt die Zahl 300 nicht mehr in das `al`-Register da man maximal die positiven Ganzzahlen 1-255 mit einem 8-Bit Wert abdecken kann. Wenn wir nun mit `mov al, 1` das Bitmuster 00000001 in das `al`-Register laden, bleibt das ah-Register davon unberührt:

	... ah			al								Erg. in ax / eax /rax
Bit	...	2	1	8	7	6	5	4	3	2	1	
Wert	...	512	256	128	64	32	16	8	4	2	1	
	...	0	1	0	0	0	0	0	0	0	1	256 + 1 = 257

Daher zeigt der Debugger nun auch 257 als Wert in `rax` und nicht etwa 1. Setzen wir nun die Dezimalzahl 2 in das Register `bl`, erhalten wir im ganzen `rbx` Register die Zahl 2 als Ergebnis. Das liegt daran, dass die Zahl 200 (binär 11001000) in 8 darstellbar ist und daher noch keine weiteren Bits in den größeren Registern gesetzt wurden.

Addieren wir nun `rax` und `rbx` in der Erwartung, dass wir 1 + 2 berechnen wird uns das Ergebnis von 259 überraschen. Hier ist es offensichtlich, da wir diesen Fehler bewusst provozieren aber in der Praxis kann ein vergessenes `mov rax, 0` oder `xor rax, rax` durchaus für einiges Kopfzerbrechen sorgen!

Die CPU macht für Sie in der Regel nichts automatisch im Hintergrund, wenn Sie also nicht selber sicherstellen, dass die gesamten 64-Bit des `rax`-Registers genullt wurden und einfach nur das unterste Byte des Registers neu belegen und dann plötzlich wieder mit dem gesamten Register arbeiten, dann wird die jeweilige Operation auch mit eventuell aus vorherigen Operationen übrigen Bits in den höheren Bytes arbeiten.

Sehen wir uns den umgekehrten Fall an indem wir nun mit `mov rax, 100` und `mov rbx, 200` die gesamten Register überschreiben. Danach addieren wir mit `add al, bl` die untersten 8 bit und speichern das Ergebnis in `al`. Jetzt zeigt uns der Debugger den Wert von 44 anstatt 300:

... ah				al								Erg. in ax / eax /rax
Bit	...	2	1	8	7	6	5	4	3	2	1	
Wert	...	512	256	128	64	32	16	8	4	2	1	
	...	0	X	0	0	1	0	1	1	0	0	32 + 8 + 4 = 44

Die Zahl 300 passt, wie wir wissen, nicht mehr in ein 8-Bit Register.

Da wir nun aber explizit mit 8-Bit Registern arbeiten wird der Prozessor verhindern, dass ein derartiger Überlauf die Daten im ah Register beschädigt und daher werden die überlaufenden Bits einfach abgeschnitten - hier durch das X dargestellt. Allerdings weist uns das eflags-Register darauf hin denn jetzt ist das Carry Flag (CF) gesetzt.

Das ist auch der einzige Hinweis den wir bekommen. Bei dem Beispiel zuvor hatten wir nicht mal dies als Hilfestellung!

Sehen wir uns also an, wie man mit dem CF arbeiten kann.

Mit mov rax, 100 und add al, bl stellen wir die Ausgangssituation wieder her und wir haben das CF gesetzt und wieder unser falsches Ergebnis 44 nur dieser Block hat eine ergänzende Zeile: adc ah, bh.

Sobald wir dies ausführen, steht im rax-Register das richtige Ergebnis: 300. adc (add with carry) wird benutzt wenn eine Zahl bzw. die möglichen Ergebnisse nicht mehr in ein Register passen kann man das Bitmuster der Zahl auf 2 Register aufteilen.

Hier haben wir al und bl für die unteren Bits und ah und bh für die oben Bits benutzt und dann die Addition in 2 Schritten durchgeführt. Da wir hier kleinere Register benutzen zeigt uns der Debugger in rax auch sofort das richtige Ergebnis an und natürlich könnten wir auf ax ausweichen, wenn al zu kein würde oder auf eax wenn der Zahlenbereich von ax nicht mehr reicht, aber was wenn nicht mal rax reicht um eine Zahl oder ein Ergebnis darzustellen? Genau dann kommt diese Technik in Spiel!

Dabei werden dx:ax und bx:cx bzw. edx:eax und ebx:ecx bzw. rdx:rax und rbx:rcx als Paare für die höheren bzw. niedrigeren Bits herangenommen.

Dann stellen wir mit mov rax, 100 und mov rbx, 200 wieder die Werte 100 bzw. 200 in die Register und subtrahieren mit sub al, bl den bl-Wert von al und speichern das Ergebnis in al ab. Hierbei ändert sich wieder das eflags-Register und zeigt nun unter anderem das Sign Flag (SF).

Auch sub folgt also dem gleichen Schema wie add und könnte als rax = rax - rbx dargestellt werden. Das Sign Flag verändert die Art und Weise, wie der Wert zu lesen ist. Würden wir sub rax, rbx ausführen würde der Debugger den Wert korrekt darstellen und das Sign Flag auf das ganze Register anwenden. Allerdings könnte ich dann diese lange Bitfolge hier nicht auf diese Art und Weise darstellen.

Also machen wir es hier nun manuell - dazu brauchen wir zuerst die binäre Darstellung von 156:

```
>>> bin(156)
'0b10011100'
```

Dann tragen wir dies in unser bekanntes Register-Raster ein. Neu ist hier, dass das höchste Bit nicht mehr für 128 sondern für -128 steht:

	... ah			al								Erg. in ax / eax /rax
Bit	...	2	1	8	7	6	5	4	3	2	1	
Wert	...	512	256	-128	64	32	16	8	4	2	1	
	...	0	0	1	0	0	1	1	1	0	0	-128 + 16 + 8 + 4 = -100

Bei vorzeichenbehafteten Zahlen repräsentiert das höchste Bit des Registers seinen Wert als negative Zahl. Das SF weist uns darauf hin, dass das Ergebnis ein negativer Werte ist. Der Debugger von SASM führt diese Operation aber scheinbar nur dann aus, wenn wir das ganze Register in der Operation benutzen bei der das Sign Flag gesetzt wird...

Zu guter Letzt überschreiben wir rax wieder mit der Zahl 100 und wie wir sehen, ist das SF immer noch gesetzt auch hier hätte ein xor rax, rax dafür gesorgt, dass das SF erlischt. Wir müssen also immer auf derartige Details achten und unter Umständen selber dafür sorgen, dass wir entsprechend auch die Flags resetten, wenn wir sie nicht mehr brauchen!

Das inc rax (increment) erhöht den Wert von rax um eins und nun zeigt der Debugger den Wert von 101 im Infofeld an. Gleichzeitig wurde im eflags-Register das Parity Flag (PF) gesetzt um anzuzeigen, dass diese Zahl ungerade ist.

dec rax (decrement) vermindert den Wert von rax um eins.

Als Nächstes wollen wir uns den cmp Operator ansehen und dazu nutzen wir dieses Programm:

```
section .text
    global _start

    _start:
        mov rax, 100
        mov rbx, 100
        sub rax, rbx

        mov rax, 100
        inc rax
        dec rax
        cmp rax, rbx

        ; exit
        mov rax, 60
        mov rdi, 0
        syscall
```

Nachdem wir mov rax, 100 und mov rbx, 100 sowie sub rax, 100 ausgeführt haben, steht das rax-Register auf dem Wert 0, das rbx-Register auf 100 und das eflags-Register auf [PF ZF IF]. Soweit ist das keine wirkliche Überraschung bis eventuell auf das Parity Register das eine "ungedade" 0 anzeigt. Ob das ein Bug oder ein Feature auf meinem Ryzen 2700 (2.Gen.) ist, will ich an dieser Stelle nicht erörtern.

Mit mov rax, 100 Stellen wir den Anfangswert wieder her, das inc rax löscht uns das ZF und das dec rax das PF so das wir danach wieder [IF] im eflags-Register angezeigt bekommen. Damit wären wir genau wieder auf den Stand vor dem sub rax, rbx.

Lassen wir nun cmp rax, rbx laufen dann zeigt das eflags-Register wieder [PF ZF IF] allerdings steht jetzt noch immer die 100 in rax. Der cmp (compare) Operator macht also genau das gleiche wie sub, allerdings verwirft er das Ergebnis und setzt nur die Flags um dann mit entsprechenden Sprung-Befehlen auf diese zu reagieren.

Man könnte übrigens auch cmp rax, 100 schreiben - bei cmp darf der zweite Parameter auch eine Zahl sein...

Um uns die Division und Multiplikation von Werten anzusehen verwenden wir das folgende Programm:

```
section .text
    global   _start

    _start:
        mov   al, 11
        mov   bl, 5
        div   bl

        mov   ax, 11
        div   bx

        mov   dx, 100
        ;mov  dx, 0    ; Keep that commented out!!!
        mov   ax, 33
        div   bx

        mov   ax, 10
        mov   bx, 20
        mul   bx

        mov   ax, 10
        mov   bx, 20
        imul  bl

        ; exit
        mov   rax, 60
        mov   rdi, 0
        syscall
```

Das wir wieder wie gewohnt mit dem Debugger untersuchen...

Bei der Division muss der Dividend (die Zahl, die geteilt werden soll) in al, ax, eax oder rax stehen. Der Divisor kann in einem beliebigen anderen Register stehen. Wir haben hier bl verwendet. Der Befehl div bl (divide) entspricht also ax = al / bl. Für das Ergebnis wird das gesamte ax-Register benutzt. Sobald wir die Zeile ausführen, erhalten wir im Debugger 0x102 bzw. 258 angezeigt. Das ist nicht etwa ein Fehler! Um das Verhalten zu erklären, sehen wir uns das Bitmuster von 258 genauer an:

```
>>> bin(258)
'0b100000010'
```

und tragen dies in unseren Bit - Raster ein:

... ah				al								Erg. in ax / eax / rax
Bit	...	2	1	8	7	6	5	4	3	2	1	
Wert	...	512	256	-128	64	32	16	8	4	2	1	
	...	0	1	0	0	0	0	0	0	1	0	256 + 2 = 258

Was der Debugger nicht weiß, ist, wie er das Ergebnis interpretieren soll. Der Prozessor arbeitet hierbei wie ein Grundschüler - in al wir das Ergebnis gespeichert und in ah der Rest.

Betrachten wir dies nun unter diesem Gesichtspunkt, enthält al das Bitmuster 00000010 und ah das Bitmuster 00000001 - berechnen wir die Dezimalwerte davon erhalten wir:

```
>>> int("0b00000010", 2)
2
>>> int("0b00000001", 2)
1
```

11 geteilt durch 5 = 2 und 1 Rest.

Stellen wir nun mit mov ax, 11 den vorherigen Zustand wieder her und dividieren nun mit 16-Bit Werten wie bei dem Aufruf von div bx dann erhalten wir ein anderes Bild: In rxa steht nun die 2 und in rdx die 1. Das liegt daran, dass ab 16-Bit das Ergebnis geteilt wird und sich auf die entsprechenden Akkumulator- und Datenregister aufteilt - also ax und dx, eax und edx oder rax und rdx je nach dem mit welcher Bittiefe wir arbeiten.

Führen wir nun mov dx, 100 und mov ax, 33 aus um diese Register mit neuen Werten zu füllen, und führen dann wieder den Befehl div bx aus, würden wir erwarten, dass wir 33 durch 5 dividieren aber wir bekommen stattdessen Program received signal SIGFPE, Arithmetic exception.

Stoppen Sie die Ausführung an dieser Stelle und kommentieren Sie mov dx, 100 aus indem Sie einen ; vor den Befehl stellen oder entfernen Sie diese Zeile. Was hier passiert, werden wir gleich sehen. Lassen Sie mov dx, 0 noch auskommentiert und führen Sie das Programm erneut aus!

Nun erhalten wir keinen Fehler aber das Ergebnis lautet nun 13113 und 4 Rest. Auch das kann nicht stimmen und diesmal hilft uns auch das manuelle Interpretieren der Bitmuster nicht weiter. Ist eine Zahl zu groß für ein Register, kann man diese Teilen und die höheren Bits in das Datenregister packen und die niedrigeren Bits in das Akkumulatorregister. Auch hier kann man wieder die jeweils gleich großen Paare ax und dx, eax und edx oder rax und rdx verwenden.

Wir dividieren also nicht 33 im ax-Register (00000000 00100001), sondern die Zahl, die das folgende Bitmuster ergibt:

```
dx: 00000000 00000001 + ax: 00000000 00100001 = 00000000 00000001 00000000 00100001
```

Der Übersichtlichkeit zuliebe habe ich die Bit-Muster nach Bytes getrennt. Das müssen wir für Python wieder rückgängig machen. Also lassen wir Python wieder rechnen:

```
>>> int("0b00000000000000010000000000100001", 2)
65569
```

Nun ergibt das Ergebnis auch wieder Sinn, denn 65569 / 5 = 13113 und 4 Rest! Der Arithmetik-Fehler von vorhin bedeutet im Übrigen, das das Ergebnis nicht mehr in das Register passt. Da wir eine recht große Zahl (6.553.633) durch eine recht kleine dividieren erhalten wir ein Ergebnis das bei Weitem nicht mehr in die 16-Bit des ax-Registers passt.

Sie können den Fall als Übung selber durchspielen und ausrechnen wie ich auf die 6.553.633 gekommen bin. Sie sehen es ist hierbei sehr wichtig, zu prüfen ob das entsprechende Datenregister leer ist oder nicht damit wir auch entsprechend passende Ergebnisse erhalten.

Wenn Sie wollen können Sie nun das Kommentar-Zeichen vor mov dx, 0 entfernen und das Programm wieder neu starten - Sie werden dann sehen, dass dann rax die Zahl 6 und rdx die 3 enthält.

mov ax, 10 und mov bx, 20 setzt die zwei Zahlenwerte und mul bx berechnet ax = ax * bx. Wenn wir uns nun das rdx-Register ansehen werden wir merken, dass plötzlich rdx wieder auf 0 steht. Das liegt daran, dass mul das Ergebnis aufteilt und in Fall von ax die höheren Bits in dx und die niedrigeren Bits in ax ablegt. Eine 16-Bit Multiplikation liefert also einen geteilten 32-Bit Wert!

Sie können das gern selber ausprobieren, indem Sie

```
mov ax, 1000
mov bx, 2000
mul bx
```

laufen lassen - dann erhalten Sie in ax den Wert 33920 und in dx den Wert 30. Dabei wird auch das CF gesetzt, um Sie zusätzlich darauf hinzuweisen, dass das Ergebnis auf die zwei Register aufgeteilt wurde.

Auch hier können Sie wieder mit Python die Bitmuster generieren und dann zusammensetzen - wenn Sie es richtig machen, erhalten Sie die 2 Millionen als Ergebnis!

mov ax, 10 und mov bx, 10 stellen den Ausgangszustand wieder her. Diesmal nutzen wir imul (Signed Integer Multiply) anstatt von mul und wir erhalten wieder die 200 in rax aber hier wird das CF und das OF gesetzt. Da imul mit vorzeichenbasierten werten arbeitet, kommt es zu einem Overflow. Sehen wir uns einmal den Wertebereich von einen vorzeichenbehafteten 8-Bit Wert an:

... ah				al								Erg. in ax / eax /rax
Bit	...	**2**	**1**	**8**	**7**	**6**	**5**	**4**	**3**	**2**	**1**	
Wert	...	**512**	**256**	**-128**	**64**	**32**	**16**	**8**	**4**	**2**	**1**	
max.	...	0	0	0	1	1	1	1	1	1	1	64+32+16+8+4+2+1=127
min.	...	0	0	1	0	0	0	0	0	0	0	−128+0=−128
	...	0	0	**1**	**1**	**0**	**0**	**1**	**0**	**0**	**0**	−128+64+8=−56

Ich hoffe mit dieser Illustration der Bitmuster in den Registern wird klar, wie der Wertebereich einer vorzeichenbehafteten 8-Bit Ganzzahl ist und wie diese Zahlen funktionieren. Das Bitmuster für 200 (11001000) in das oben gezeigte Raster eingetragen ergibt also mit Vorzeichen interpretiert -56. Und daher warnen uns CF und OF das der errechnete Wert nicht darstellbar ist. Würden wir einfach mit dem Wert weiterarbeiten ohne die Flags zu beachten, dann würden wir mit einem falschen Wert weiterarbeiten falls wir mit einem Operation arbeiten die das Vorzeichen berücksichtig. Würden wir den Wert danach als vorzeichenlose Ganzzahl behandeln, wären weitere Berechnungen damit wieder korrekt.

Analog zu imul gibt es auch idiv für die Division vorzeichenbehafteter Zahlen.

Die Schwierigkeit liegt also darin, dass wir selber dafür verantwortlich sind, dafür Sorge zu tragen wie Werte interpretiert werden. Abgesehen davon kann ein Overflow die bei Berechnungen für falsche Ergebnisse sorgen. Daher müssen wir auf die Flags achten und entsprechend darauf reagieren, wenn ein CF oder OF gesetzt wird.

LOGISCHE OPERATOREN

Logische Operatoren arbeiten bitweise und zeigen so am besten, wie ein Prozessor wirklich arbeitet. Die CPU ist nichts weiter, als eine enorme Ansammlung von Schaltungen durch die Stromimpulse geleitet werden. Ein Teil der Impulse (der Befehl) manipuliert dabei den Weg den der andere Teil der Impulse (die Daten) nehmen.

Es gibt einige Projekte und viele gute Videos auf Youtube dazu wie man sich einen 8-Bit Computer auf mehreren Breadborads bauen kann und entsprechende Sets mit allen Komponenten. Jedem der den Aufbau einer CPU besser verstehen will, dem lege ich die Videos von **Ben Eater** ans Herz:

https://www.youtube.com/watch?v=HyznrdDSSGM&list=PLowKtXNTBypGqImE405J2565dvjafglHU

Um uns diese Operatoren anzusehen, habe ich folgendes Programm geschrieben:

```
section .text
    global  _start

    _start:
        mov al, 11
        not al
        shl al, 2
        shr al, 2
        neg al

        mov al, 28
        mov bl, 120
        and al, bl

        mov al, 28
        or  al, bl

        mov al, 28
        xor al, bl

        ; exit
        mov rax, 60
        mov rdi, 0
        syscall
```

... welches wir wieder wie üblich debuggen werden.

Mit `mov al, 11` setzen wir das unten gezeigte Bitmuster in das Register.

... ah			al								Erg. in ax / eax / rax
Bit	...	2	1	8	7	6	5	4	3	2	1	
Wert	...	512	256	128	64	32	16	8	4	2	1	
mov	...	0	0	0	0	0	0	1	0	1	1	8 + 1 + 1 = 11
not	...	0	0	1	1	1	1	0	1	0	0	128 + 64 + 32 + 16 + 4 = 244

Der `not` Operator ist wieder als `al = not al` zu verstehen und speichert das Ergebnis in `al` ab. Dabei werden alle Bits negiert - aus einer 0 wird eine 1 und umgekehrt. Dies kann man oben sehr gut sehen.

Der `shl` (shift left) Operator erwartet 2 Argumente - das Register und die Anzahl der Stellen um die die Bits verschoben werden sollen. Nach der `not` Operation haben wir in `al` bzw. `rax` die Zahl 244 stehen.

... ah			al								Erg. in ax / eax / rax
Bit	...	2	1	8	7	6	5	4	3	2	1	
Wert	...	512	256	128	64	32	16	8	4	2	1	
not	...	0	0	1	1	1	1	0	1	0	0	128 + 64 + 32 + 16 + 4 = 244
shl	...	X	X	1	1	0	1	0	0	0	0	128 + 64 + 16 = 208

Nach der `shl` Operation haben wir die Zahl 208 in dem Register und CF, AF und SF wurden gesetzt da wir die zwei höchsten Bits abgeschnitten haben - hier als X im `ah` Register dargestellt. Es ist wichtig zu beachten, dass die Bits nicht einfach in das nächstgrößere Register weitergeschoben werden! Sofern es zu keinem Overflow kommt bei dem Bits wegfallen entspricht ein `shl` um eine Stelle der Multiplikation mit 2 und `shl` um zwei Stellen der Multiplikation mit 4, usw.

Das kann man an der `shr` (shift right) Operation auch gut sehen. Diese schiebt die Bytes um zwei Stellen nach rechts und entspricht damit der Division durch 4 in diesem Beispiel:

... ah			al								Erg. in ax / eax / rax
Bit	...	2	1	8	7	6	5	4	3	2	1	
Wert	...	512	256	128	64	32	16	8	4	2	1	
shl	...	0	0	1	1	0	1	0	0	0	0	128 + 64 + 16 = 208
shr	...	0	0	0	0	1	1	0	1	0	0	32 + 16 + 4 = 52

Dabei werden CF, AF und SF wieder gelöscht.

Der neg (negate) Befehl entspricht wie not, shr, und shl wieder den Muster al = neg al.

	... ah					al					Erg. in ax / eax /rax
Bit	...	2	1	8	7	6	5	4	3	2	1	
Wert	...	512	256	128	64	32	16	8	4	2	1	
shr	...	0	0	0	0	1	1	0	1	0	0	32 + 16 + 4 = 52
neg	...	0	0	1	1	0	0	1	1	0	0	-128 + 64 + 8 + 4 = -52

Dabei werden die Bits derart umgeordnet, dass bei der Behandlung als vorzeichenbehaftete Zahl der mit -1 multiplizierte Wert herauskommt. Aus 52 wird also -52 und aus -52 würde 52. Lassen Sie sich also nicht verwirren, nur weil der Debugger 204 anzeigt. Er interpretiert die Zahl einfach falsch!

Außerdem setzt neg in dem Fall das Sign Flag.

Die folgenden Operatoren benötigen jeweils 2 Argumente und daher sehen wir uns jeweils das al und bl Regiser an sowie das Ergebnis des Befehls, welches dann wieder in al gespeichert wird.

Auch diese Operatoren arbeiten bitweise, wobei die Betrachtung der Zahlenwerte in den folgenden Fällen wenig Sinn macht. Ich habe Sie nur aufgeschlüsselt damit Sie die Vorgänge mit den Anzeigen im Debugger besser nachverfolgen können.

Die folgenden Operatoren sind rein dazu gedacht um Bitmuster zu manipulieren und nicht wirklich um damit zu rechnen!

Der and Befehl ist die logische Und-Verknüpfung zweier Werte.

	... ah/bh					al/bl					Erg. in ax / eax /rax
Bit	...	2	1	8	7	6	5	4	3	2	1	
Wert	...	512	256	128	64	32	16	8	4	2	1	
al	...	0	0	0	0	0	1	1	1	0	0	16 + 8 + 4 = 28
bl	...	0	0	0	1	1	1	1	0	0	0	64 + 32 + 16 + 8 = 120
and	...	0	0	0	0	0	1	1	0	0	0	16 + 8 = 24

Hierbei ist das Ergebnis 1, wenn in beiden Registern das jeweilige Bit eine 1 enthält. In allen anderen Fällen ist das Ergebnis 0.

Das genaue Gegenteil davon ist die logische Oder-Verknüpfung bzw. der or Befehl:

... ah/bh			al/bl								Erg. in ax / eax / rax
Bit	...	2	1	8	7	6	5	4	3	2	1	
Wert	...	512	256	128	64	32	16	8	4	2	1	
al	...	0	0	0	0	0	1	1	1	0	0	16 + 8 + 4 = 28
bl	...	0	0	0	1	1	1	1	0	0	0	64 + 32 + 16 + 8 = 120
or	...	0	0	0	1	1	1	1	1	0	0	64 + 32 + 16 + 8 + 4 = 124

Hier ist das Ergebnis eine 0, wenn in beiden Registern an der jeweiligen Stelle eine 0 steht und in jedem anderen Fall ist das Ergebnis eine 1.

Die dritte logische Verknüpfung ist das Exklusiv-Oder die wir mit dem xor Operator anwenden:

... ah/bh			al/bl								Erg. in ax / eax / rax
Bit	...	2	1	8	7	6	5	4	3	2	1	
Wert	...	512	256	128	64	32	16	8	4	2	1	
al	...	0	0	0	0	0	1	1	1	0	0	16 + 8 + 4 = 28
bl	...	0	0	0	1	1	1	1	0	0	0	64 + 32 + 16 + 8 = 120
xor	...	0	0	0	1	1	0	0	1	0	0	64 + 32 + 4 = 100

Hierbei erhält man bei unterschiedlichen Bits eine 1 und dort wo die Bits übereinstimmen eine 0.

Das erklärt nun auch warum mov rax, 0 und xor rax, rax beide das rax-Register mit Nullen füllen. Welche Variante man in welchem Fall nutzen sollte, hängt unter anderem auch davon ab ob man die Flags CF, PF und AF resetten möchte oder nicht. xor setzt diese Flags auf 0, mov lässt die Flags unangetastet!

DIVERSE WEITERE BEFEHLE

Ein Befehl den wir bereits gesehen, aber nicht weiter erläutert haben, ist `lea` (load effective address). Damit haben wir bei dem FASM und NASM Vergleich die Speicheradresse des Textes in ein Register geladen.

Die Syntax ist hierbei zB `lea rax, [label]` wobei damit die Speicheradresse von `label` in das Register `rax` geladen wird. Hierbei muss der Labelname in `[ ]` eingeschlossen werden.

Den `syscall` (system call) und `int` (interrupt) Operator werden wir uns im folgenden Kapitel näher ansehen.

Der `nop` (no operation) Befehl weist den Prozessor an nichts zu tun und ist vor allem bei Exploit-Code beliebt um das Ziel zu vergrößern das man mit dem `rip` bzw. `eip` treffen will.

Die Jump-Befehle `call`, `ret` und die gesamte `j`-Familie sehen wir uns in den Kapiteln Funktionen und Verzweigungen im Detail an. Gleiches gilt für die `push`- und `pop`-Familie!

HALLO WELT IN NASM

Sehen wir uns nun im Detail an, wie das Hallo Welt Beispiel funktioniert. Da ich den `lea` Operator bereits erklärt habe will ich Ihnen hier einen Weg zeigen, der in NASM funktioniert - aber Achtung, wenn Sie mit FASM arbeiten werden die Befehle `equ $-text` und `mov rsi, text` einen Fehler verursachen bzw. anders funktionieren!

Aber sehen wir uns erst das Code-Beispiel an:

```
section .data
    text        db "Hello World!", 0xA
    len         equ $-text

section .text
    global      _start

    _start:
        mov         rax, 1
        mov         rdi, 1
        mov         rsi, text
        mov         rdx, len
        syscall

        ; exit
        mov         rax, 60
        mov         rdi, 0
        syscall
```

Das liegt daran, dass NASM versteht das wir mit `mov rsi, text` eigentlich `lea rsi, [text]` meinen und dies bei der Übersetzung entsprechend richtig macht. FASM tut dies nicht.

`equ` gibt einer numerischen Konstante einen Namen. Das ist im Grunde auch nichts anderes als ein Label. Eigene Label werden wir im nächsten Kapitel genauer betrachten - spätestens dann sollte es klarer werden.

Was hier NASM-spezifisch ist, ist das `$-text` was nicht anderes bedeutet als Beginn der aktuellen Zeile ($) minus Startadresse von `text`. Wenn Sie sich zurückerinnern, wurde der Text einfach nach den eigentlichen Befehlen in die Binärdatei gepackt:

```
000000b0:  b8 01 00 00 00 bf 01 00 00 00 48 be dc 00 60 00   ..........H...`.
000000c0:  00 00 00 00 ba 0d 00 00 00 0f 05 eb 02 eb e1 b8   ................
000000d0:  3c 00 00 00 bf 00 00 00 00 0f 05 00 48 65 6c 6c   <...........Hell
000000e0:  6f 20 57 6f 72 6c 64 21 0a 00 00 00 00 00 00 00   o World!........
000000f0:  00 00 00 00 00 00 00 00 00 00 00 00 00 00 00 00   ................
```

Damit wird auch klar wie das funktioniert - wir befinden uns quasi direkt nach dem 0a (was in der ASCII-Tabelle dem Newline-Zeichen bzw. einer Zeilenschaltung entspricht) und das Label text zeigt auf das Zeichen 48 (was in der ASCII-Tabelle das H ist).

Nehmen wir nun Python zu Hand und rechnen:

```
>>> int("e9", 16) - int("dc", 16)
13
```

... wenn Sie sich Fragen wie ich auf e9 und dc komme - das Zeichen 6f entsprich der Adresse e0, das Leerzeichen (20) entspricht der Adresse e1, usw. Sie brauchen als nur im Hexadezimalsystem bis zu der entsprechenden Stelle zu zählen.

Der Grund, warum nicht direkt danach ein 0d (hexadezimal für 13) zu finden ist, ist der das benannte Konstanten an einer anderen Stelle im Programm abgelegt werden.

Das ganze Beispiel ist zwar nicht genau so, wie es beim Übersetzen des Programms passieren würde, illustriert aber den Vorgang dennoch sehr gut.

Außerdem habe ich das .data Segment an den Anfang des Programmes gesetzt, um zu zeigen, dass man die Programmteile auch in unterschiedlicher Reihenfolge im Quellcode unterbringen kann.

Sehen wir uns nun den eigentlichen Kern dieser Übung an - die System Calls!

SYSTEM CALLS

... oder kurz Syscalls genannt erlauben es dem Programm einen Befehl an das Betriebssystem zu geben. Wenn ein Programm in einem Betriebssystem läuft, kann es nicht einfach Daten an die Grafikkarte senden um irgendwelchen Text auf den Bildschirm zu zeichnen.

Einerseits ist das Betriebssystem dazu da zu regeln, dass sich Programme und deren Anfragen an diverse Systemkomponenten wie Festplatte, Grafikkarte, usw. nicht in die Quere kommen und andererseits wäre es extrem aufwendig die Ansteuerungen für sämtliche möglichen Grafikkarten in ein Programm zu packen.

Daher stellen wir dem Betriebssystem die benötigten Daten in den dafür vorgesehenen Registern bereit. Und geben dann mit dem `syscall` Befehl die Kontrolle an das Betriebssystem ab damit dies unsere Anfrage abarbeiten kann.

In einem Linux-System mit 64-Bit wären die Register wie folgt zu belegen:

Syscall-ID	Param. 1	Param. 2	Param. 3	Param. 4	Param. 5	Param. 6
rax	rdi	rsi	rdx	r10	r8	r9

Ein eventueller Return-Wert des Syscalls landet in diesem Fall in `rax`.

EXKURS - 32-BIT ASSEMBLER

Bei einem Linux-System mit 32-Bit sind die Register wie folgt zu belegen.

Syscall-ID	Param. 1	Param. 2	Param. 3	Param. 4	Param. 5	Param. 6
eax	ebx	ecx	edx	esi	edi	ebp

Auch hier landet der Rückgabewert im Akkumulatorregister (`eax`).

Das ist auch einer der Fälle in dem man zur Not den Base-Pointer verändern muss. Zuvor sollte man ihn ganz oben auf den Stack legen und dann wieder von dort laden. Aber den Stack sehen wir uns erst im nächsten Kapitel genauer an. Zum Aufruf des Systemcalls verwendete man bei 32-Bit den Befehl `int 80h` (interrupt) anstatt des `syscall`-Befehls.

SYSCALLS UND DEREN PARAMETER

Sie werden sich bestimmt fragen, woher Sie die Syscall-Nummern und deren Parameter haben. Dazu können Sie auf Ihrem Linux-System einfach mit dem Terminal-Befehl `locate unistd_64.h` nach dieser Header-Datei suchen.

Sie werden einige Versionen davon finden eine Pfadangabe sollte wie folgt aussehen:

```
/usr/src/linux-headers-5.3.0-53-generic/arch/x86/include/generated/uapi/asm/unistd_64.h
```

Natürlich wird bei Ihnen die Kernel-Version eine andere sein...

Öffnen wir diese Datei in einem beliebigen Editor, dann sollten Sie Folgendes sehen:

```
#ifndef _ASM_X86_UNISTD_64_H
#define _ASM_X86_UNISTD_64_H 1

#define __NR_read 0
#define __NR_write 1
#define __NR_open 2
#define __NR_close 3
#define __NR_stat 4
#define __NR_fstat 5
... etc.
```

Für 32-Bit ist übrigens die Datei `unistd_32.h` zuständig.

Darin sehen wir, dass die Systemcall-Nummer `1` für `write` steht. Sobald wir in einem Terminal `man 2 write` eingeben können wir Folgendes sehen:

```
WRITE(2)                    Linux Programmer's Manual                    WRITE(2)

NAME
       write - write to a file descriptor

SYNOPSIS
       #include <unistd.h>

       ssize_t write(int fd, const void *buf, size_t count);
       ... etc.
```

Diese Manuals kann man auch komfortabler zB auf der Webseite `https://man7.org` lesen.

Hier wird uns dann erklärt, dass die `write`-Funktion drei Parameter erwartet:

1. den File-Descriptor (`fd`)
2. einen Zeiger auf die Speicheradresse in der der Text steht (`*buf`) und
3. die Länge des Textes (`count`)

Der Rückgabewert ist im Übrigen die Anzahl der geschriebenen Bytes. Das erklärt auch, warum nach dem Syscall das `rax`-Register auf 13 steht.

Mit diesem Wissen bewaffnet können wir den Syscall nun beinahe vollkommen entschlüsseln:

```
mov       rax, 1          ; write
mov       rdi, 1          ; fd
mov       rsi, text       ; *buf
mov       rdx, len        ; count
```

Jetzt stellt sich nur die Frage, woher wir den File-Descriptor bekommen. Bei Linux sind drei File-Descriptoren bereits vordefiniert: 0 steht für `stdin`, 1 für `strout` und 2 für `stderr` davon abweichende File-Descriptoren bekommen wir von einem vorangegangenen open-Syscall zurückgegeben.

Suchen wir weiter in der Datei `unistd_64.h` dann finden wir folgende Zeile:

```
#define __NR_exit 60
```

Ein `man 2 exit` ergibt dann Folgendes:

```
_EXIT(2)                       Linux Programmer's Manual                       EXIT(2)


NAME
        _exit, _Exit - terminate the calling process

SYNOPSIS
        #include <unistd.h>

        void _exit(int status);
        ... ect.
```

Der `exit` Call benötigt also einen Parameter - den numerischen Statuscode, mit dem das Programm beendet wurde. In Linux steht die 0 für "Alles OK" und eine abweichende Zahl wäre dann der entsprechende Error-Code, mit dem das Programm beendet wurde.

VERZWEIGUNGEN IN ASSEMBLER

Leser mit Programmiererfahrung kennen aus anderen Sprachen verschiedene Konstrukte um im Programm auf bestimmte Ereignisse oder Umstände zu reagieren.

In Assembler haben wir dazu die Befehle der Jump-Familie. Sehen wir uns dazu erst einmal an welche Befehle darin enthalten sind:

jmp   Jump (wird immer ausgeführt - man spricht auch von einem Unconditional Jump)

je   Jump if Equal
jz   Jump if Zero-flag is set
jp   Jump if Parity-flag is set
jpe   Jump if Parity-flag show Even
jne   Jump if Not Equal
jnz   Jump if Not set Zero-flag
jnp   Jump if Not set Parity-flag
jpo   Jump if Parity-flag show Odd
jcxz   Jump if 16-Bit Counter-register is Zero (cx)
jecxz   Jump if Extended Counter-register is Zero (ecx)

Die weiteren sogenannten Conditional Jumps teilen sich in jene die das Ergebnis eines vorgegangenen cmp Befehls so auswerten als wären die verglichenen Werte vorzeichenlose (unsigned) oder vorzeichenbehaftete (signed) Zahlen.

UNSINED JUMPS

ja   Jump if Above
jae   Jump if Above or Equal
jb   Jump if Below
jbe   Jump if Below or Equal
jna   Jump if Not Above
jnae   Jump if Not Above or Equal
jnb   Jump if Not Below
jnbe   Jump if Not Below or Equal
jc   Jump if Carry-flag is set
jnc   Jump if Not set Carry-flag

SIGNED JUMPS

jg	Jump if Greater
jge	Jump if Greater or Equal
jl	Jump if Less
jle	Jump if Less or Equal
jng	Jump if Not Greater
jnge	Jump if Not Greater or Equal
jnl	Jump if Not Less
jnle	Jump if Not Less or Equal
jo	Jump if Overflow-flag is set
jno	Jump if Not set Overflow-flag
js	Jump if Sign-flag is set
jns	Jump if Not set Sign-flag

Die Syntax für alle Jumps ist `jmp adresse` aber da wir die Berechnung der Adressen doch lieber dem Assembler überlassen verwendet man in der Regel Lables.

Ein Label ist ein frei definierter Text der mit einem `:` endet. Für diesen gelten im Grunde die gleichen Regeln wie für Variablen in verschiedensten Programmiersprachen. Nutzen Sie nur die Zeichen A-Z, 0-9 und den Unterstrich aber keine deutschen Umlaute oder sonstige Sonderzeichen. Außerdem sind Labels Case-Sensitive, sprich Sie unterscheiden zwischen Groß- und Kleinschreibung. _yes und _Yes sind also für NASM zwei unterschiedliche Labels.

Sehen wir uns dazu folgendes Beispiel-Code an:

```
section .data
    is10    db  "RAX is 10", 0xA
    lenIs   equ $-is10

    not10   db  "RAX is not 10", 0xA
    lenNot  equ $-not10

section .text
    global  _start

    _start:
        ; setup values for comparison
        mov     rax, 10
        mov     rbx, 10
```

```
    ; compare
    cmp     rax, rbx
    je      _yes
    jmp     _no

_yes:
    ; set text + len for syscall
    mov     rsi, is10
    mov     rdx, lenIs
    jmp     _end

_no:
    ; set text + len for syscall
    mov     rsi, not10
    mov     rdx, lenNot

_end:
    ; rest of write-syscall
    mov     rax, 1
    mov     rdi, 1
    syscall

    ; end programm
    mov     rax, 60
    mov     rdi, 0
    syscall
```

Zuerst definieren wir in der `.data` Sektion zwei Texte die wir mit `is10` und `not10` ansprechen können sowie die dazugehörigen Textlängen als benannte Konstanten `lenIs` und `lenNot`.

Dann setzen wir `rax` und `rbx` jeweils auf den Wert `10`.

Der `cmp`-Befehl vergleicht `rax` und `rbx` und setzt das `eflags`-Register entsprechend. Danach wird mit `je` das Zero-Flag ausgewertet. Der Befehl macht also genau das gleiche wie `jz` das ist kein Fehler, sondern soll der Übersichtlichkeit dienen und den Vergleich unterstreichen. `jz` oder `jcxz` würde eher bei einer Zählschleife passen.

Assembler mit seinen kryptischen Mnemonics und der etwas gewöhnungsbedürftigen Syntax ist schon so sehr unübersichtlich und schwerer zu verstehen, vor allem weil einfachste Programme viel länger werden als in anderen Sprachen.

Zum Vergleich das gleiche Programm in Python:

```
value = 10
serched_value = 10

if value == serched_value:
    print("RAX is 10")
else:
    print("RAX is not 10")
```

Man kann dieses Programm nicht nur kürzer, sondern auch deutlich verständlicher schreiben denn `if value == serched_value` sagt viel deutlicher aus, was da vorgeht als `cmp rax, rbx` und `je label`!

Außerdem sorgt das sinnvolle Benennen von Variablen für weitere Übersichtlichkeit. In Assembler haben wir meist mit Registern zu tun und wir können nur die Labels sinnvoll benennen. Daher sollte man so gut es geht darauf achten zumindest aussagekräftige Labels zu setzen und Sprungbefehle die den Sinn des Programms ebenfalls unterstrichen.

Dabei müssen Labels nicht kurz sein - frei nach Austin Powers ginge auch das:

```
je      _yes_yes_yes_the_register_rax_is_10_yeah_baby_groovie
jmp     _oh_no_shame_on_me_i_dont_set_rbx_to_10
```

Aber wieder zurück zu unserem Programm - nachdem `cmp` die Flags gesetzt hat, wird `je` zum Label `_yes` spingen sofern `rax` und `rbx` beide den Wert 10 haben. In `_yes` wird dann der entsprechende Pointer zum String mit dem Label `is10` und die Länge dieses Textes in `rsi` und `rdx` geladen. Das `jmp _end` sorgt dann dafür, dass wir den `_no` Teil überspringen. Würden wir das nicht machen, dann würde der Inhalt von `rsi` und `rdx` wieder überschrieben und die Ausgabe wäre falsch.

Sollten Sie einen der Werte verändert haben, wird in der Zeile `je _yes` kein Sprung ausgeführt und `jmp _no` sorgt dafür, dass wir dann auf jeden Fall direkt zu `_no` springen. Und die darin vorgesehenen Werte setze.

Da direkt im Anschluss an den Code von `_no` das Label `_end` kommt können wir uns an dieser Stelle ein `jmp _end` sparen.

In `_end` setzen wir `rax` und `rdi` auf 1 um den `write`-Systemcall zu komplettieren und `syscall` sogt schließlich für die Ausgabe. Danach folgt der altbekannte `exit`-Systemcall.

Verstehen Sie nun, warum man das als Spagetticode bezeichnet?

Außerdem zeigt das Beispiel auch ein weiteres Problem. Ein anderer Entwickler muss nicht unbedingt wissen, dass `rbx` den gesuchten Wert enthält, und er könnte `rbx` verändern. Dann würde RAX is not 10 ausgegeben, selbst wenn in `rax` der Wert 10 gespeichert ist. Ein Kommentar zur Erläuterung oder aber der Vergleich `cmp rax, 10` würde Abhilfe schaffen!

Wie Sie sehen, ist es also gar nicht so leicht gut verständlichen Assembler-Code zu schreiben.

Um nun den Unterschied zwischen signed und unsigned Jumps zu untersuchen, könnten Sie einfach die folgenden Zeilen ändern:

```
; setup values for comparison
mov    rax, 10
mov    rbx, 129

; compare
cmp    al, bl
ja     _yes
jmp    _no
```

Ich lasse es Sie als Übung selber untersuchen, was im Fall von `ja` und `jg` ausgegeben wird. Sie sollten eventuell auch die Texte die ausgegeben werden anpassen, damit ein entsprechend sinnvoller Text ausgegeben wird.

SCHLEIFEN UND FUNKTIONEN IN ASSEMBLER

Sehen wir uns nun ein weiteres Beispiel-Programm an in dem wir das bisher gelernte Anwenden und mit Schleifen-Konstruktionen und der Benutzung des Stack kombinieren:

```
section .data
    digit   db  " is a digit", 0xA
    lenDig  equ $-digit

    number  db  " is a number", 0xA
    lenNum  equ $-number

    errNan  db  "Just positive numbers are allowed!", 0xA
    lenNan  equ $-errNan

    prompt  db  "Enter a number: "
    lenPro  equ $-prompt

    lenInp  equ 20

section .bss
    ; reserve space for user input
    input   resb lenInp

section .text
    global  _start

    _start:
        ; output prompt
        mov     rax, 1
        mov     rdi, 1
        mov     rsi, prompt
        mov     rdx, lenPro
        syscall

        ; get user input
        mov     rax, 0
        mov     rdi, 0
        mov     rsi, input
```

```
mov     rdx, lenInp
syscall

;call   _fakeSyscall

; count input length and calc. value of string
mov     rax, 0
mov     rbx, 10                          ; base 10 for converting
mov     rcx, 0
mov     rdx, 0

_count_len_loop:
    mov     rax, rdx                     ; load last sum (RDX) into RAX
                                         ; for multiplication with 10
    mul     rbx                          ; multiply RAX with 10
    mov     dl, byte [input + rcx]       ; get byte into DL

    cmp     dl, 48
    jb      _errorNan                    ; jump if below
    cmp     dl, 57
    ja      _errorNan                    ; jump if above

    sub     rdx, 48                      ; subtract 48 to convert ascii
                                         ; to integer
    add     rdx, rax                     ; RAX + RDX  => 0 * 10 + 1 = 1
                                         ;               1 * 10 + 2 = 12
                                         ;              12 * 10 + 3 = 123

    inc     rcx                          ; increment counter for output
    cmp     byte [input + rcx], 0xA      ; check for newline char
    jne     _count_len_loop              ; continue counting if next byte
                                         ; is not newline-character

; store int value of input on stack
push    rdx

; output number
mov     rax, 1
mov     rdi, 1
mov     rsi, input
mov     rdx, rcx                         ; counter value from before
syscall
```

```asm
        ; setup values for comparison
        pop     rax                         ; get int value from stack back

        ; compare
        cmp     rax, 10
        jb      _isDigit                    ; jump if below

    _isNumber:
        ; set text + len for syscall
        mov     rsi, number
        mov     rdx, lenNum
        jmp     _end

    _isDigit:
        ; set text + len for syscall
        mov     rsi, digit
        mov     rdx, lenDig
        jmp     _end

    _errorNan:
        ; set text + len for syscall
        mov     rsi, errNan
        mov     rdx, lenNan

    _end:
        ; rest of syscall and do output result
        mov     rax, 1
        mov     rdi, 1
        syscall

        ; end programm
        mov     rax, 60
        mov     rdi, 0
        syscall


_fakeSyscall:
    mov     rax, input
    mov     [rax], dword 0x0A333231 ; store 123\n in input (little endian)
    ret
```

Wie Sie sehen, werden Assembler-Programme schnell länger. Ich habe für Sie das Programm etwas ausführlicher kommentiert, als ich es normalerweise machen würde damit Sie dem Code noch besser folgen können.

Die .data Sektion bedarf kaum noch einer Erklärung, außer das wir hier mit lenInp equ 20 eine benannte Konstante namens lenInp anlegen der wir die Dezimalzahl 20 zuweisen.

Neu ist hier die .bss Sektion, in der Speicherplatz reserviert wird, den wir später füllen. Das kann man mit dem Anlegen einer leeren Variable vergleichen. Genauer gesagt wird mit resb 20 (reserve bytes) 20 Bytes an Speicher bereitgestellt und dieser mit dem Label input versehen.

Zu Beginn von _start haben wir wieder unseren write-Systemcall der den Text von Label prompt ausgibt. Neu ist hier der read-Systemcall. Dieser hat die ID 0 (rax), bekommt den File-Discriptor 0 (stdin) in rdi, den Zeiger auf den Speicherplatz (input) in rsi und die Länge (lenInp) in rdx.

Danach folgt eine auskommentierte Zeile Code, mit der wir den Debugger von SASM austricksen. Dieser hat in der aktuellen Version (3.11.1) einen Bug, der dafür sorgt, dass die Register nicht mehr in der Register-Tabelle aktualisiert werden, sondern als Text im Ausgabe-Fenster landen.

Damit kann ich Ihnen am Ende des Kapitels aber gleich noch eine wichtige Eigenschaft von Intel-CPUs bzw. x86 kompatiblem CPUs demonstrieren! Aber dazu später mehr...

Dann setzen wir die Register rax, rcx und rdx auf 0 sowie das Base-Register rbx auf 10 als Startwert für die folgende Schleife.

Da wir Verzweigungen und Schleifen nur mit Hilfe der Jump-Befehle realisieren können kommt hier wieder ein Label zum Einsatz, welches wir _count_len_loop nennen um den Sinn des Labels zu beschreiben und darauf hinzuweisen, das es eine Schleife ist.

Mit mov rax, rdx laden wir das Ergebnis des letzten Durchlaufes in rax. Das ist beim ersten Durchlauf aber noch 0. Dann multiplizieren wir rax mit 10 (mul rbx). Mit mov dl, byte [input + rcx] laben ein Byte aus der Adresse von input in das dl-Register.

Da input 20 Byte groß ist, müssen wir explizit mit byte angeben, dass wir nur ein Byte laden wollen. Die [] teilen dem Assembler mit, dass der zweite Parameter eine Speicheradresse darstellt. Das rcx ist beim ersten Durchlauf noch 0 wird aber dann vor dem zweiten Durchlauf auf 1 erhöht, vor dem dritten Durchlauf auf 2, usw.

Damit laden wir beim ersten Durchlauf das Anfangs-Byte + 0, dann Anfangsbyte + 1 - also das zweite Byte (Index 1, wenn wir dies als Array sehen), usw. Diese Zeile sorgt also dafür, dass wir die Eingabe Byte für Byte in der Schleife durchlaufen.

Um die nachfolgenden Vergleiche und Berechnungen zu verstehen, sollten wir uns erst mal einen Auszug aus der ASCII-Tabelle ansehen:

Dez.	Hex.	Char	Dez.	Hex.	Char	Dez.	Hex.	Char	Dez.	Hex.	Char
48	0x30	0	49	0x31	1	50	0x32	2	51	0x33	3
52	0x34	4	53	0x35	5	54	0x36	6	55	0x37	7
56	0x38	8	57	0x39	9	58	0x3a	:	59	0x3b	;

Sie sehen hier, dass die Ziffer 0 in der ASCII-Tabelle den Wert 48 bzw. 0x30 in hexadezimal hat.

Wenn also das Bitmuster eines der Bytes der Usereingabe welches wir als Ganzzahl interpretieren kleiner als 48 (cmp dl, 48 und jb _errNan) oder größer also 57 (cmp dl, 57 und ja _errNan) ist, dann kann es sich bei der Eingabe um keine Ganzzahl handeln also springen wir zu _errNan und geben eine Fehlermeldung aus.

Der Rest der Schleife beschäftigt sich mit der Umwandlung von der Textdarstellung der Zahl in den Zahlenwert. Wenn wir nun von dem Byte-Wert 48 abziehen, erhalten wir den Zahlenwert (sub rdx, 48). Vergleichen Sie das mit der Tabelle - zB 50 – 48 = 2 - so wird aus dem Text "2" die Zahl 2!

Das Zusammenführen der Zahl erledigt dann das add rdx, rax. Um den Vorgang noch besser zu verstehen, illustriere ich den Vorgang ein wenig genauer:

```
1 2 3                mul bx              sub rdx, 48          add rdx, rax
| | |
| | |_____> 12 x 10 = 120           51 - 48 = 3          3 + 120 = 123
| |_____>  1 x 10 =  10           50 - 48 = 2          2 +  10 =  12
|_____>  0 x 10 =   0           49 - 48 = 1          1 +   0 =   1
```

Wobei wir hier die Darstellung hier von unten nach oben lesen müssen.

Nachdem wir rdx und rax zusammengezählt haben, erhöhen wir ecx um eins (inc ecx) um dann das nächste Byte in input mit 0xA (dem Linefeed-Character) zu vergleichen. So vergleichen wir nach dem wir das erste Zeichen verarbeitet haben ob im zweiten Zeichen ein Newline-Zeichen steckt, nach der Verarbeitung des zweiten Zeichens ob das dritte Zeichen ein Newline ist, usw.

Falls der Vergleich nicht positiv ausfällt, springen wir mit jne wieder zum Label _count_len_loop. Sollte der Vergleich nicht stimmen, läuft der Code an dieser Stelle einfach weiter und führt die nächste Anweisung aus.

Wäre das erste Zeichen das Newline-Zeichen weil der User gar keine Eingabe getätigt und nur Enter gedrückt hat, dann würde das cmp dl, 48 und jb _errNan dafür sorgen das ein Fehler ausgegeben wird. Die Register sind bewusst so gelegt worden, dass das aktuelle Endergebnis in jedem Durchlauf in rdx landet. Der mul-Befehl in der zweiten Zeile des Schleifen-Codes würde eventuelle Fragmente vorheriger Daten ohnehin leeren und so sparen wir uns ein zusätzliches xor rdx, rdx oder mov rdx, 0 in der Schleife.

Es steckt also schon eine Menge Hirnschmalz und Tüftelei in einer so "einfachen" Aufgabe wie dem Umwandeln von Text "123" in die Zahl 123.

Dann haben wir wieder etwas Neues: push rdx legt den aktuellen Zahlenwert beim Verlassen der Schleife auf den sogenannten Stack. Das ist nötig da wir rax, rcx und rdx im nächsten Systemcall verwenden - klar wir hätten noch rbx frei aber wenn wir schon derart viele Register benutzen, ist es meiner Meinung nach klarer, das wir einen Wert für eine spätere Verwendung auslagern, wenn wir ihn auf den Stack packen, als wenn wir verzweifelt "Register-Mikado" spielen und Werte im Kreis herumschieben.

In 64-Bit Prozessoren haben wir natürlich auch noch die Register r8 - r15 aber diese Angewohnheit bzw. dieser Programmierstil ist mir von 32-Bit übergeblieben. Abgesehen davon könnte ein Systemcall auch rbx überschreiben weil dieser ja auch mit den selben Registern arbeiten muss wie der Rest des Programms!

Den Stack können Sie sich wie eine Ablage auf ihrem Schreibtisch vorstellen - wenn Sie ein Blatt Papier mit Notizen gerade nicht brauchen können Sie es oben auf die Ablage legen und dann später wieder von dort herunternehmen. Das soll an dieser Stelle reichen wir werden im nächsten Kapitel noch mehr mit dem Stack machen.

Dann folgt der nächste write-Syscall, in dem wir die Zahl ausgeben. Da wir bei 0 zu zählen beginnen, ist der Zähler bei 3, wenn wir das vierte Byte erreichen. Das ist uns in diesem Fall nur recht denn wir wollen den Zeilenumbruch nicht mit ausgeben!

Mit pop rax holen wir uns den Zahlenwert der Eingabe wieder vom Stack zurück und legen ihn in rax ab um ihn dann mit cmp rax, 10 zu vergleichen . jb _isDigit springt dann zum entsprechenden Label, wenn die Eingabe einer Ziffer entspricht. Andernfalls wird der Code von _isNumber ausgeführt.

In beiden Fällen springen wir dann mit jmp _end über _errNan drüber aber das kennen wir bereits aus dem letzten Beispiel.

In _end vollenden wir den zuvor begonnenen write-Systemcall und beenden das Programm.

Wenn Sie das ganze Programm debuggen wollen dann deaktivieren Sie bitte den syscall-Befehl beim read-Systemcall und aktivieren Sie call _fakeSyscall. Sonst spiel der Debugger verrückt.

Der call-Befehl ist eine besondere Art von Sprung bei der sich das Programm merkt, wo es vor dem Sprung war. Der ret-Befehl (return) springt aus der Funktion zurück an die Stelle direkt nach dem Funktionsaufruf. Somit wird das Programm mit der Anweisung nach dem call-Befehl fortgesetzt, sobald man die Funktion mit ret verlässt.

Innerhalb der Funktion laden wir die Startadresse des Speicherplatzes input in das rax-Register. Zur Wiederholung - in anderen Assemblern sollte man dazu lea rax, [input] verwenden.

LITTLE ENDIAN UND BIG ENDIAN

Interessant ist die Zeile mov [rax], dword 0x0A333231. Hierbei besagt [rax], dass wir auf die Speicheradresse zugreifen wollen die in rax liegt und nicht auf das rax-Register selber, dword gibt die Größe der zu bewegenden Daten an. Das dword steht dafür für einen 4 Byte großen Wert.

Die vier möglichen Größen-Angaben wären:

byte   8-Bit 1 Byte
word   16-Bit 2 Byte
dwort   32-Bit 4 Byte (double-word)
qwort   64-Bit 8 Byte (quad-word)

Wenn wir nun die hexadezimalen Werte nach je einem Byte trennen erhalten wir: 0A 33 32 31

Vergleicht man das mit der ASCII-Tabelle erhält man: NEWLINE 3 2 1 - also genau die umgekehrte Reihenfolge der Bytes. Diese Byte-Reihenfolge nennt sich Little Endian. Das Gegenteil davon nennt sich Big Endian und wäre die Reihenfolge an Bytes, wie wir es erwarten würde 1 2 3 NEWLINE bzw. 0x3132330A aber da x86 Prozessoren im Little Endian System arbeiten müssen wir beim Zuweisen mehrerer Bytes unbedingt darauf achten!

Ganz wichtig ist hierbei auch, dass es sich um die **Byte**-Reihenfolge handelt und **nicht** die **Bit**-Reihenfolge! Wenn Sie die Bit-Reihenfolge umdrehen, erhalten Sie nur Datenmüll.

FUNKTIONENSPARAMETER, RÜCKGABE- WERTE UND DER STACK

Funktionen benötigen in den meisten Fällen irgendwelche Eingabedaten, die von Ihnen verarbeitet werden. In anderen Programmiersprachen kann man Funktionen beim Aufruf Parameter übergeben. In Assembler ist es eher wie mit globalen Variablen - man legt die Daten in diejenigen Register die die Funktion später benutzt ganz genau wie bei einem Systemcall.

Das Problem dabei ist, dass man oftmals den aktuellen Stand sichern möchte, bevor eine Funktion aufgerufen wird. Unter 32-Bit Assembler gab es den Befehl pusha um alle Register auf den Stack zu sichern und popa um wieder alle Register vom Stack zu holen - diese zwei Befehle werden bei den 64-Bit Assemblern nicht mehr unterstützt. In der Regel braucht man auch nicht alle Register und wie Sie sehen werden, kann man sich diese Befehle mit Makros leicht nachbauen.

Außerdem kann es vorkommen, dass man auch die Flags sichern möchte - zu diesem Zweck gibt es die Befehle pushf und popf.

Alternativ dazu kann man Funktionen auch die Parameter auf den Stack legen. Dies muss dann in umgekehrter Reihenfolge passieren, da der letzte Wert der auf den Stack gelegt wird, als erster wieder herunter genommen wird.

Aber sehen wir und das anhand eines Beispiels näher an:

```
section .bss
    text    resb 100

section .text
    global      _start

    int_to_str:
        mov     rcx, 10
        push    0xA

        _div_loop:
            xor     rdx, rdx
            div     rcx
            add     rdx, 48
            push    rdx
            cmp     rax, 0
            jnz     _div_loop
```

```
        mov      rax, 0
        _store_loop:
            pop      rdx
            mov      [rbx + rax], byte rdx
            inc      rax
            cmp      rdx, 0xA
            jne      _store_loop

        ret

_start:
        mov      rax, 1234
        mov      rbx, text
        call     int_to_str

        ; write-Syscall
        mov      rdx, rax          ; return val of function (string length)
        mov      rax, 1
        mov      rdi, 1
        mov      rsi, text
        syscall

        ; exit-Syscall
        mov      rax, 60
        mov      rdi, 0
        syscall
```

Hier nutze ich wieder die .bss Sektion, um 100 Bytes an Speicher an der Adresse des Labels text zu reservieren.

Danach definiere ich in der .text Sektion zuerst die Funktion. Das ist nicht zwingend so vergeschrieben, aber ich habe es mir so angewöhnt. Man kann dies aber auch gern nach dem exit-Syscall machen, Hauptsache man setzt Funktion nicht mitten in das Hauptprogramm. Obwohl auch das zulässig wäre, ist es doch sehr unübersichtlich.

Außerdem beginnen bei mir normale Label mit einem _, Label die eine Funktion einleiten, haben keinen führenden Unterstrich. Auch das ist keine Vorschrift, sondern nur mein Versuch eine Unterscheidung zwischen den Labels zu schaffen.

Bevor wir uns die Funktion ansehen wollen wir kurz das Hauptprogramm betrachten. Hier legen wir eine Zahl (1234) in rax und die Startadresse von text in rbx. Da ich unter 32-Bit Assembler gelernt habe und da die Reihenfolge der Parameter für einen Syscall eax, ebx, ecx, edx habe ich mir damals angewöhnt, für meine Funktionen auch die gleiche Reihenfolge zu nutzen. Auch das ist völlig irrelevant, denn es gibt auch hier keine festen Regeln.

Der Grund warum ich für den Funktionsaufruf die Zahl als Erstes gewählt habe ist einfach der, dass ich sie ohnehin in `rax` für die Division bräuchte. Es ist in Assembler ganz normal, dass man das ein- oder andere Mal den Code wieder überarbeiten muss um Register anders zu belegen bzw. zu verwenden, um unnötige `mov`-Anweisungen zu vermeiden.

Nach dem Funktionsaufruf macht das Hauptprogramm einen `write`-Syscall und endet dann.

Nachdem wir schon gesehen haben, wie man eine Zahl in eine Nummer umwandelt wollen wir an dieser Stelle den umgekehrten Weg betrachten.

Zuerst legen wir mit `mov rcx,10` die 10 als Divisor in das Register `rcx`. Dann packen wir das Newline-Zeichen auf den Stack.

In der `_div_loop` leeren wir das `rdx`-Register mit `xor rdx, rdx` um keine Rechenfehler zu produzieren. Wie sie sich erinnern werden `rdx:rax` beim dividieren als ein großes 128-Bit Regiser zusammengefügt und da der Rest der Division in `rdx` landet, müssen wir dieses Register vor jedem Durchlauf leeren. Da wir nicht wissen, ob vor dem Funktionsaufruf `rdx` benutzt wurde und Daten enthält oder nicht machen wir das `xor rdx, rdx` als erste Operation und nicht als letzte vor den Sprung.

Dann Dividieren wir `rax` durch `rcx` - damit landet das Ergebnis in `rax` und der Rest in `rdx`. Danach wird auf `rdx` die Zahl 48 addiert, um aus einer Ziffer den entsprechenden Text zu machen. Also arbeiten wir hier auch wieder mit der ASCII-Tabelle.

`push rdx` legt das so erstellte Zeichen auf den Stack und `cmp rax, 0` vergleicht ob noch weitere Ziffern in `rax` übrig sind - falls ja, springen wir mit `jnz _div_loop` zum Schleifenanfang.

Ich Illustriere Ihnen den Vorgang nochmals:

```
1234 / 10 =    123 (rax)    4 Rest (rdx) + 48    =>    "4"
 123 / 10 =     12 (rax)    3 Rest (rdx) + 48    =>    "3"
  12 / 10 =      1 (rax)    2 Rest (rdx) + 48    =>    "2"
   1 / 10 =      0 (rax)    1 Rest (rdx) + 48    =>    "1"
```

Der Grund warum ich es auf den Stack lege ist der, dass wir bei diesem vorgehen die Zahlen in umgekehrter Reihenfolge bekommen und daher ist der Stack perfekt.

Nach der ersten Schleife liegt also das Zeichen "1" ganz oben am Stack, das Zeichen "2" an der zweiten Stelle, usw. Also brauchen wir den Stack nur Zeichen für Zeichen verringern bis wir das Newline-Zeichen erhalten, das wir zuerst auf den Stack gelegt haben. Genau das macht `_store_loop`!

Ein Zeichen nehmen (pop rdx), das Zeichen an die entsprechende Stelle im Speicherplatz legen (mov [rbx + rax], byte rdx), rax erhöhen (inc rax), Vergleichen ob das aktuelle Zeichen das Newline-Zeichen ist (cmp rdx, 0xA) und falls nicht die Schleife wiederholen (jne _store_loop).

Der Grund warum ich diesmal rax zum Zählen genommen habe ist der, das ich die Stringlänge als Rückgabeparameter vorgesehen habe. Normalerweise würde ich die Register entsprechend der ursprünglichen Verwendung nutzen, um das Programm verständlicher zu gestalten und daher rcx als "Counter-Variable" verwenden, aber auch das ist nicht verpflichtend, sondern nur guter Stiel. Dann hätte ich den Rückgabewert allerdings in rcx. Das kann man durch ein mov wieder verschieben aber manchmal muss man in Assembler einfach mal die "Regeln" brechen.

Der Rückgabewert ist an der Stelle auch wichtig, denn wir brauchen eine Längenberechnung des Strings für den write-Syscall.

Auch hier versuche ich mich an die Arbeitsweise der Syscalls zu halten, und nutze wieder rax als Rückgabeparameter in allem meinen Funktionen. Alternativ könnte man auch die Parameter auf den Stack packen. Das müsste dann wieder in umgekehrter Reihenfolge sein, in der sie im Hauptprogramm erwartet werden.

MACROS UND CODE-BIBLIOTHEKEN

Die Syntax wie Macros definiert werden, hängt vom jeweiligen Assembler ab. Was ich Ihnen hier zeige, ist spezifisch für den NASM und funktioniert in anderen Assemblern anders! Theoretisch ist es sogar möglich, dass ein sehr rudimentärer Assembler diese Funktion gar nicht bietet. In FASM und MASM gibt es meines Wissens nach auch Macros.

Es macht Sinn, sich für Macros Code-Bibliotheken anzulegen. Der Sinn von Macros liegt schließlich darin oft verwendete Programmteile über eine Kurzschreibweise aufrufbar zu machen. Da man diese höchstwahrscheinlich in mehreren Projekten benötigen könnte, kann man Macros und auch Funktionen in eine eigene Datei schreiben. Ich habe die Datei für dieses Beisiel `my_lib.inc` genannt - sehen wir uns nun den Inhalt an:

```
%macro endprg 1
    mov     rax, 60
    mov     rdi, %1
    syscall
%endmacro
```

Ein Macro wird zwischen `%macro` und `%endmacro` definiert. Nach `%macro` folgt der Name, unter dem das Macro später aufgerufen wird - hier wäre das `endprg`. Die 1 zeigt an, dass das Macro ein Argument erwartet. Ein Macro kann keine (0) oder mehrere Argumente erwarten.

Im Macro selber können wir beliebigen Assembler-Code schreiben. Auffällig ist in diesem Beispiel die Zeile `mov rdi, %1`. Damit wird das erste Argument, das beim Aufruf übergeben wird, dem Register `rdi` zugewiesen. Wenn Sie sich erinnern, ist das der Statuscode mit dem das Programm beendet wird.

Sie sehen aber an diesem Beispiel auch wieder einige potenzielle Probleme. Das Macro arbeitet mit den gleichen Registern wie der restliche Code - so etwas wie lokale Funktionsvariablen sucht man in Assembler vergebens! Egal ob man Syscalls, Makros oder Funktionen aufruft - alles arbeitet mit den selben Registern wie das Hauptprogramm.

Es liegt also an uns, entsprechend zu kommunizieren, welche Register verwendet werden damit jeder der das Macro nutzt, eventuell später benötigte Daten auf den Stack sichern kann oder in ein anderes Register verschiebt. Beim Programmende ist das kein Problem, aber bei dem nächsten Beispiel wird das durchaus schlagend!

Sehen wir uns nun das Hallo Welt - Beispiel an, wie es mit unserem neuen Macro aussieht:

```
%include "my_lib.inc"

section .data
    text        db "Hello World!", 0xA
    len         equ $-text

section .text
    global      _start

    _start:
        mov         rax, 1
        mov         rdi, 1
        mov         rsi, text
        mov         rdx, len
        syscall

        endprg      0
```

Die Änderungen hab ich Fett hervorgehoben. Zuerst binden wir die Bibliotheks-Datei mit `%include "my_lib.inc"` ein und dann können wir das Macro mit `endprg 0` aufrufen. Hierbei landet die 0 innerhalb des Macros in `%1` und damit dann in `rdi`.

Wenn ein Macro mehr als ein Argument erwartet dann können die Argumente durch Komma (,) getrennt angegeben werden wie bei anderen Assembler Befehlen üblich.

Definieren wir ein weiteres Macro in unserer `my_lib.inc`:

```
%macro sleep 1
    mov rcx, %1
    _wait_loop:
        nop
        dec rcx
        jnz _wait_loop
%endmacro
```

Das Macro `sleep` erwartet wiederum 1 Argument, welches in `rcx` gelegt wird. Dann folgt das Label `_wait_loop` und der Schleifenkörper mit `nop`, `dec rcx` und dem `jnz`-Befehl. Wir tun also nichts (nop), verringern `rcx` und falls `rcx` noch nicht bei 0 angekommen ist, wiederholen wir den Code nochmals. Im Grunde wäre die `nop`-Anweisung gar nicht nötig da `dec` ebenfalls einen CPU-Zyklus belegt aber so "vertrödeln" wir dann quasi zwei CPU-Zyklen im Schleifenkörper.

Hier ist die Gefahr die ich vorhin erwähnte deutlich sichtbarer - wenn wir in `rcx` Daten haben die wir nach dem Aufruf von `sleep` noch brauchen müssen wir die unbedingt woanders hin sichern sonst würde nach `sleep` unser Programm mit dem Wert 0 in `rcx` weiterarbeiten und höchstwahrscheinlich nicht das gewünschte Ergebnis liefern oder sogar abstürzen!

Dann nutzen dieses Macro wieder in unserem Hello World - Beispiel:

```
%include "my_lib.inc"

section .data
    text        db "Hello World!", 0xA
    len         equ $-text

section .text
    global      _start

    _start:
        sleep       100
        mov         rax, 1
        mov         rdi, 1
        mov         rsi, text
        mov         rdx, len
        syscall

        sleep       200
        endprg      0
```

Hier habe ich `sleep` gleich zweimal im Code eingebaut, um Ihnen ein weiteres Problem zu zeigen. Beim übersetzen wird der Code des Macros quasi einfach an die Stelle kopiert, an der wir ihn aufrufen. Das führt nun dazu, dass wir im Code zweimal das Label _wait_loop haben.

Da dies aber nicht erlaubt ist, quittiert NASM das mit folgendem Fehler: /tmp/SASM/program. asm:18: error: symbol `_wait_loop' redefined. Natürlich müssen Labels eindeutig sein denn sonst wüsste der Assembler ja nicht, welches Label nun mit einem Jump-Befehl angesprungen werden soll.

Selbstverständlich haben dies die Entwickler von NASM bedacht und eine Lösung für derartige Probleme bereitgestellt. Dazu müssen wir das Macro wie folgt anpassen:

```
%macro sleep 1
    mov rcx, %1
    %%_wait_loop:
        nop
        dec rcx
        jnz %%_wait_loop
%endmacro
```

Die Angabe von %% vor dem Label sorgt dafür, das bei jedem Aufruf an dieser Stelle eine eindeutige ID eingesetzt wird - untersuchen wir das fertige Programm mit einem Disassembler und Debugger wie zB radare2 / Cutter oder IDA64 werden wir sehen, dass die Labels nun ..@3._wait_loop und ..@4._wait_loop heißen.

Um ein Programm mit radare2 oder IDA64 zu debuggen, müssen Sie es zuerst in eine ausführbare Datei umwandeln und dann diese ausführbare Datei in IDA64 oder Cutter laden. Hierbei wird anhand der Opcodes in der Datei der Assembler-Code zurückgerechnet. Daher ist der Code nicht immer genau derjenige, den Sie geschrieben haben. Das kann an Optimierungen bei der Erstellung des Codes liegen oder am Disassembler. Vor allem bei Sprung-Anweisungen kommt das oft vor, dass völlig andere Schreibweisen als die von Ihnen benutzten auftauchen - das liegt daran, dass verschiedene Sprunganweisungen zum gleichen Opcode umgewandelt werden.

Außerdem kann man in diesen Programmen alles Disassemblieren - so zB auch die Strings, etc. Das liefert unter Umständen völlig sinnlosen Assembler-Code - es liegt also an Ihnen zu entscheiden, was innerhalb der Datei wie behandelt werden soll.

Sie können in Bibliotheken auch Konstanten mit equ definieren, um diese dann in Ihren Programmen zu verwenden und so noch besser verständlich machen - zB:

```
LF  equ 0xA
NUL equ 0x0
```

Diese könnte man dann bei der Erstellung von Strings verwenden:

```
text    db "Hello World!", LF
```

Sie sehen sicher, worauf das hinausläuft...

Wie im vorherigen Kapitel angedeutet will ich Ihnen noch meine Macros push_all und pop_all zeigen:

```
%macro push_all 0
    push rax
    push rbx
    push rcx
    push rdx
%endmacro

%macro pop_all 0
    pop rdx
    pop rcx
    pop rbx
    pop rax
%endmacro
```

Da ich primär mit den viel Registern rax, rbx, rcx und rdx arbeite, habe ich in meiner push_all Variante auch nur jene Register berücksichtigt. Falls Sie diese Macros testen wollen hier wäre ein kleiner Test-Code:

```
section .data
    text        db "Hello World!", LINEFEED
    len         equ $-text

section .text
    global      _start

    _start:
        mov         rax, 1
        mov         rbx, 2
        mov         rcx, 3
        mov         rdx, 4
        push_all

        mov         rax, 1
        mov         rdi, 1
        mov         rsi, text
        mov         rdx, len
        syscall

        pop_all
        inc         rdx

        endprg      0
```

Auch hier hat der Debugger von SASM seine Schwierigkeiten weswegen Sie auf `Cutter + radare2` ausweichen könnten. Mehr zu diesen Tools finden Sie unter: `https://rada.re/n/`

Ein weiterer sehr guter Debugger ist IDA64 welchen Sie für den privaten und nicht kommerziellen Einsatz unter `https://www.hex-rays.com/products/ida/support/download_freeware/` kostenlos herunterladen können.

CLI-ARGUMENTE

Commandline Argumente sind Eingaben für das Programm die der User direkt beim Aufruf übergibt. Das wäre zB der Pfad, den man `ls` übergeben kann oder die Quell- und Zieldatei / Zielordner für den `mv` oder `cp` Befehl in Linux.

Das ist zugleich die einfachste Form der User-Interaktion für uns Entwickler - wir brauchen keine Usereingaben abfragen oder dergleichen und wir erhalten dennoch Inputs. Für User haben CLI-Argumente (Command Line Interface) den Vorteil, dass man diese in Scripts verwenden kann und so zB die Arbeit mit dem Programm automatisieren könnte.

In Linux werden die angegebenen Argumente automatisch auf den Stack gelegt, wenn das Programm gestartet wird - alles was wir dann noch machen müssen ist die Argumente vom Stack zu lesen.

Als kleines Beispiel für dieses und das nächste Kapitel habe ich mir ein sehr primitives Verschlüsselungstool überlegt:

```nasm
%include "my_lib.inc"

section .data
    usage       db 0xA,"Usage:",0xA,"-------",0xA, "xorcrypt [password]
                    [filename]",0xA,0xA
    lenUsage    equ $-usage

    passErr     db 0xA,"Password-Error: Min. length is 8 characters!",0xA,0xA
    lenErr      equ $-passErr

section .bss
    fileCont    resb 2048

section .text
    global      _start

    _start:
        pop     rcx                         ; argc

        ; check length of argc
        cmp     rcx, 3
        jne     _print_usage_and_exit
```

```asm
; pop args from stack
pop     rax                         ; path
pop     rbx                         ; arg1
pop     r9                          ; arg2

; read password into register
mov     rcx, 0
_load_byte_loop:
    shl     r8, 8
    mov     r8b, byte [rbx + rcx]
    inc     rcx
    cmp     [rbx + rcx], byte 0x0
    jne     _load_byte_loop

cmp     rcx, 8
jb      _print_pw_error_and_exit

; read file
; xor data
; write file

 endprg  0

 _print_usage_and_exit:
    mov     rax, 1
    mov     rdi, 1
    mov     rsi, usage
    mov     rdx, lenUsage
    syscall

    endprg  1

 _print_pw_error_and_exit:
    mov     rax, 1
    mov     rdi, 1
    mov     rsi, passErr
    mov     rdx, lenErr
    syscall

    endprg  2
```

Die .data und .bss Sektion brauche ich an dieser Stelle sicher nicht mehr zu erläutern...

Im Hauptprogramm lesen wir zuerst die Anzahl der übergebenen Argumente (argc) in das Register rcx. Dabei sollte ich erwähnen, dass immer mindestens ein Argument übergeben wird, und das ist der Pfad zur aufgerufenen Datei (path).

Dann prüfen wir mit cmp rcx, 3 ob wir 3 Argumente erhalten haben. Vergleichen Sie dazu den usage String der xorcrypt [password] [filename] angibt (path, arg1 und arg2). Schlägt dieser Vergleich fehl dann Springen wir mit jne zum Label _print_usage_and_exit und geben in diesem Label die usage-Meldung aus. Beachten Sie bitte auch das endprg 1, mit dem wir definieren, dass das Programm mit Fehler Nr. 1 beendet wurde.

Bei einem Aufruf im Terminal wird dieser Exit-Code in $? gespeichert und kann dann dazu verwendet werden, um beispielsweise in Bash-Scripts auf Fehler zu reagieren. Außerdem werten die logischen Verknüpfungen von Shell-Befehlen (&& und ||) ebenfalls diesen Exit-Code aus.

Dann holen wir uns den Zeiger zum path-String in rax, den Zeiger zu arg1 in rbx und den Zeiger zu arg2 in r9. Bei allen Argumenten handelt es sich genau wie bei path um Null-terminierte Strings. Das sind Zeichenketten, deren Ende durch ein NULL-Byte (0x0) definiert wird.

Um mit dem Bitmuster des Passwortes die Daten zu verschlüsseln müssen wir dieses in ein Register packen. Dazu setzen wir zuerst das Counter-Register wieder auf 0 (mov rcx, 0) und definieren dann das Label _load_byte_loop.

Zu Beginn jedes Schleifendurchlaufes schieben wir das Bitmuster mit shl r8, 8 um 8 Bit (1 Byte) nach links um Platz für das nächste Zeichen zu schaffen.

Das Bewegen eines Bytes in r8b (die untersten 8-Bit von r8). Das Adressierungsschema Basisadresse + Counter kennen Sie ja bereits. Da wir das Bitmuster des Passwortes andauernd brauchen, werden verwende ich r8 hierfür damit wir nicht immer wieder Daten auf den Stack zwischenlagern müssen.

Dann erhöhen wir den counter (inc rcx) und prüfen, ob im nächsten Byte das NUL-Zeichen ist (cmp [rbx + rcx], byte 0x0) und falls noch nicht das Ende des Strings erreicht ist, springen wir mit jne wieder zu _load_byte_loop.

Aufmerksamen Lesern wird aufgefallen sein, dass ich die vorderen Bytes verliere wenn das Passwort länger als 8 Zeichen ist, denn mehr passt nicht in ein 64-Bit Register. Das stimmt, man könnte verschiedenste Register verwenden, um überschüssige Bytes aufzunehmen und später zusammen benutzen allerdings war mir dies für das Beispiel in diesem Buch zu viel Code. Sie haben bis dato genug gelernt, um dies als Übung selber zu realisieren wenn Sie dies möchten.

XOR ist ohnehin nicht die allerbeste Methode Daten zu verschlüsseln aber wir wollen hier auch keine bahnbrechende neue High-End Verschlüsselung entwickeln, sondern den Umgang mit CLI-Argumenten und Dateien lernen.

Nachdem wir diese Schleife wieder verlassen haben, prüfen wir ob die Passwort-Länge 8 Byte oder mehr beträgt (`cmp rcx, 8`) und falls nicht, springen wir mit `jb _print_pw_error_and_exit` zur Ausgabe der entsprechenden Fehlermeldung nach der wir das Programm mit dem Error-Code 2 beenden.

Vor dem `endprg 0` stehen noch drei Kommentare die dazu dienen, mich daran zu erinnern was noch fehlt. Außerdem werde ich im nächsten Kapitel in den wir das Programm fertigstellen nur noch diesen Code veröffentlichen um nicht wieder mehrere Seiten mit Code zu füllen den wir schon kennen.

In diesem Sinne dienen die Kommentare dann auch Ihnen als Orientierungshilfe.

ARBEITEN MIT DATEIEN

Auch hier greifen wir wieder auf Syscalls zurück. Daher will ich Ihnen an dieser Stelle kurz den open-Syscall aufschlüsseln und zeigen wie und wo Sie die nötigen Informationen finden...

Ich will sie an dieser Stelle noch mal an die Datei `unistd_64.h` erinnern welche wir unter `/usr/src/linux-headers-5.3.0-53-generic/arch/x86/include/generated/uapi/asm/unistd_64.h` finden. Darin sind die Nummern der Syscalls definiert. Wir werden in diesem Kapitel die Folgenden benötigen:

```
#define __NR_read 0
#define __NR_write 1
#define __NR_open 2
#define __NR_close 3
```

Wenn wir `man 2 open` im Terminal eingeben erhalten wir folgende Manpage:

```
OPEN(2)                      Linux Programmer's Manual                      OPEN(2)


NAME
       open, openat, creat - open and possibly create a file

SYNOPSIS
       #include <sys/types.h>
       #include <sys/stat.h>
       #include <fcntl.h>

       int open(const char *pathname, int flags);
       int open(const char *pathname, int flags, mode_t mode);
```

Wir benötigen also drei Parameter: einen Zeiger auf den `pathname`-String, `flags` und `mode`.

Scrollen wir in der Manpage weiter runter, dann finden wir mode ausführlich erklärt:

```
S_IRWXU  00700 user (file owner) has read, write, and execute permission
S_IRUSR  00400 user has read permission
S_IWUSR  00200 user has write permission
S_IXUSR  00100 user has execute permission
... etc.
```

Der Parameter mode ist also nichts als die numerische Schreibweise der Linux-Dateirechte wie zB:

0644 für -rw-r--r-- oder
0750 für -rwxr-x--- usw.

Was wir allerdings nicht finden, ist eine Erklärung zu den Werten für flags. Sehen wir uns die Manpage genauer an, dann sehen wir ganz oben unter SYNOPSIS drei include Anweisungen. Logischerweise müssten die verwendeten Konstanten irgendwo in einer dieser drei Dateien definiert worden sein.

Ich erspare Ihnen das suchen in allen Dateien und zeige Ihnen schnell wo ich sie gefunden habe. Der Aufruf von locate fcntl.h im Linux-Terminal liefert folgende Liste:

```
/usr/src/linux-headers-5.3.0-53/arch/alpha/include/uapi/asm/fcntl.h
/usr/src/linux-headers-5.3.0-53/arch/arm/include/uapi/asm/fcntl.h
/usr/src/linux-headers-5.3.0-53/arch/arm64/include/uapi/asm/fcntl.h
/usr/src/linux-headers-5.3.0-53/arch/ia64/include/uapi/asm/fcntl.h
/usr/src/linux-headers-5.3.0-53/arch/m68k/include/uapi/asm/fcntl.h
/usr/src/linux-headers-5.3.0-53/arch/mips/include/uapi/asm/fcntl.h
/usr/src/linux-headers-5.3.0-53/arch/parisc/include/uapi/asm/fcntl.h
/usr/src/linux-headers-5.3.0-53/arch/powerpc/include/uapi/asm/fcntl.h
/usr/src/linux-headers-5.3.0-53/arch/sparc/include/uapi/asm/fcntl.h
/usr/src/linux-headers-5.3.0-53/arch/x86/include/uapi/asm/fcntl.h
/usr/src/linux-headers-5.3.0-53/include/linux/fcntl.h
/usr/src/linux-headers-5.3.0-53/include/uapi/asm-generic/fcntl.h
/usr/src/linux-headers-5.3.0-53/include/uapi/linux/fcntl.h
```

Da wir x86 Code schreiben habe ich mir zuerst die Datei /usr/src/linux-headers-5.3.0-53/arch/x86/include/uapi/asm/fcntl.h angesehen aber diese enthielt nur folgende Zeile:

```
#include <asm-generic/fcntl.h>
```

Also öffnete ich die Datei /usr/src/linux-headers-5.3.0-53/include/uapi/asm-generic/fcntl.h und fand folgende Zeilen:

```
#define O_RDONLY        00000000
#define O_WRONLY        00000001
#define O_RDWR          00000002
...etc.
```

Nachdem das nun geklärt ist, habe ich im .data Segment folgende vier Zeilen ergänzt:

```
O_RDONLY    equ 0
O_WRONLY    equ 1
O_RDWR      equ 2
O_CREAT     equ 64
```

Damit können wir nun diese benannten Konstanten verwenden und müssen und nicht die Nummern merken. Derartige Dinge kann man auch gut in Bibliotheken anlegen.

Dabei verwende ich nur Großbuchstaben für Konstantennamen, um diese von Labels abzugrenzen. Auch das ist nicht verpflichtend, sorgt aber für mehr Übersichtlichkeit im Code. Außerdem habe ich die Namen der Konstanten genau wie in der Header-Datei bzw. genau wie in der Manpage gewählt.

Diese Angewohnheit sorgt dafür, dass ich nicht immer in meinem Code herumsuchen muss, wie ich etwas benannt habe.

DATEIEN LESEN

Mit diesem Wissen bewaffnet können wir nun das Programm aus dem letzten Kapitel fertigstellen. Zuerst müssen wir die Datei einlesen:

```
; read file
mov     rax, 2
mov     rdi, r9
mov     rsi, O_RDONLY
mov     rdx, 644o
syscall                         ; open-Syscall -> file-descriptor in rax

mov     rdi, rax                ; fd from syscall before
mov     rax, 0
mov     rsi, fileCont
mov     rdx, 2048
syscall                         ; read-Syscall

; store length on stack
push    rax

; calculate how much qwords of data to process
xor     rdx, rdx
mov     rcx, 8
div     rcx
push    rax

; close-Syscall
mov     rax, 3                  ; no mov rsi, ... needed
syscall                         ; rsi still hold fd
```

Dies geschieht mit drei Syscalls - open, read und close! Dem open-Syscall übergeben wir die Syscall ID in rax (2), den Zeiger auf den Dateinamen in rdi, die zuvor definierte Konstante O_RDONLY bzw. 0 in rsi und den mode. Der mode wäre 644 allerdings als oktale Zahl - daher schreiben wir 644o um den Wert mit dem angehängten o als Oktal zu kennzeichnen.

Bei Öffnen ist die Angabe vom mode nicht wirklich entscheidend. Hier könnte man auch einfach 0 angeben oder das Register garnicht belegen. Ich habe es mir allerdings angewöhnt, dies immer mit 644 anzugeben, allein schon um sicherzustellen, dass eventuell vorhandene sonstige Daten im Register rdx überschrieben werden und nicht für Probleme sorgen.

Der open-Syscall liefert uns einen File-Descriptor (fd) zurück welchen wir gleich in rdi für den read-Syscall verschieben.

In diesem Fall lesen wir 2048 Byte in den Speicherbereich mit dem Label fileCont. Das ist nicht wirklich ideal! Solange die Datei kleiner ist als 2048 Byte lesen wir die ganze Datei, aber sobald die Datei größer ist, lesen wir nur die ersten 2048 Byte der Datei!

Um das zu lösen, können Sie den reservierten Speicherplatz vergrößern aber irgendwann wird das unpraktikabel. Ihr Programm soll ja schließlich keine 100GB RAM anfordern und selbst das könnte noch nicht reichen, falls jemand beispielsweise eine virtuelle Festplatte oder gigantische Datenbanken verschlüsseln will.

Eine Lösung ist die Datei häppchenweise zu bearbeiten und in einer Schleife mehrere read-Syscalls abzusetzen. Natürlich müsste man dann eine Ausgabe-Datei auch gleich öffnen und vor dem nächsten read-Syscall die Daten verschlüsseln und wegschreiben. Das überlasse ich Ihnen an dieser Stelle als kleine Übung...

Sollten Sie keinen positiven Wert von einem Syscall in rax zurückbekommen, dann ist das ein Fehlercode. Diese finden Sie in den Dateien /usr/src/linux-headers-5.3.0-53/include/uapi/asm-generic/errno.h und /usr/src/linux-headers-5.3.0-53/include/uapi/asm-generic/errno-base.h aufgeschlüsselt:

```
#define    EPERM        1     /* Operation not permitted */
#define    ENOENT       2     /* No such file or directory */
#define    ESRCH        3     /* No such process */
#define    EINTR        4     /* Interrupted system call */
#define    EIO          5     /* I/O error */
#define    ENXIO        6     /* No such device or address */
#define    E2BIG        7     /* Argument list too long */
#define    ENOEXEC          8     /* Exec format error */
#define    EBADF        9     /* Bad file number */
#define    ECHILD       10    /* No child processes */
#define    EAGAIN       11    /* Try again */
#define    ENOMEM       12    /* Out of memory */
#define    EACCES       13    /* Permission denied */
#define    EFAULT       14    /* Bad address */
... etc.
```

Ich hatte bei der Entwicklung versehentlich ein falsches Register zugewiesen beim open-Syscall und erhielt daraufhin den Fehler -14 (EFAULT). Nach einem kurzen Blick in diese Datei wusste ich dann schon, wo ich suchen musste.

Da uns der `close`-Syscall `rax`, `rbx` und `rdx` überschreibt, müssen wir die gelesenen Bytes erst mal mit `push rax` auf dem Stack in Sicherheit bringen.

Dann löschen wir `rdx` mit `xor rdx, rdx` um keine falschen Ergebnisse bei der Division zu bekommen und legen 8 in `rcx` ab (weil der `div`-Operator keine Zahl als Parameter erlaubt, sondern nur Register). Dann können wir ausrechnen wie viele 64-Bit bzw. 8 Byte Blöcke wir zum Verschlüsseln haben (`div rcx`) und das Ergebnis wieder auf dem Stack sichern (`push rax`).

Wir sichern in dem Fall nur die Anzahl der ganzen Blöcke. Der Rest der Division in `rdx` wird ignoriert und auch nicht verschlüsselt. Ich habe auch das aus Platzgründen einfach ausgelassen. Sie können als Übung gern ein Register leeren und in einer zweiten Schleife die restlichen Bytes einzeln reinschieben wie wir das mit dem Passwort gemacht haben, XORen und dann die Bytes wieder einzeln in den Speicher schieben. Ich wollte das Beispiel hier möglichst kurz halten.

Alternativ dazu können Sie auch einfach den Speicher auf einen größeren Wert setzen wie zB 200MB und dem User mitteilen, dass das die maximale Dateigröße ist. Setzen Sie dazu den Wert für `fileCont` etwas größer als die gewünschte maximale Dateigröße und prüfen Sie, ob nach dem Lesen in `rax` eine kleine Zahl als die Maximalgröße des Speicherplatzes steht.

`resb` erhöhen, `cmp` und `je` nach dem Lesen um gegebenenfalls eine Fehlermeldung auszugeben... Schon wäre diese Lösung fertig.

DATEIEN SCHREIBEN

Bevor wir nun die Datei schreiben, müssen wir zuerst noch die Daten in `fileCont` verschlüssen. Falls Sie sich fragen, wie man die verschlüsselten Daten wieder entschlüsselt, dann demonstriert dieser Code wie eine `XOR`-Verschlüsselung arbeitet:

```
mov     rax, 0xAAAAAAAAAAAAAAAA   ; rax => 0xAAAAAAAAAAAAAAAA
mov     rbx, 0xBBBBBBBBBBBBBBBB   ; rax => 0xAAAAAAAAAAAAAAAA
xor     rax, rbx                  ; rax => 0x1111111111111111
xor     rax, rbx                  ; rax => 0xAAAAAAAAAAAAAAAA
```

Wenn Sie ein `xor` auf Daten anwenden, um Sie zu verschlüsseln, müssen Sie die Daten nur ein weiteres Mal mit dem gleichen Muster XORen um schon haben Sie wieder die ursprünglichen Daten. Die doppelte `XOR`-Verschlüsselung ist also ungefähr so sicher wie ein Software-Download von einer russischen Warez-Seite. Nachdem das geklärt ist, sehen wir uns an, wie wir die Daten verschlüsseln:

```
        ; setup registers for loop
        pop     rcx
        mov     rbx, fileCont

        ; xor data
        _xor_file_loop:
            mov     rax, qword [rbx]
            xor     rax, r8
            mov     [rbx], rax

            add     rbx, 8
            dec     rcx
            jnz     _xor_file_loop

        ; write file
        mov     rax, 2
        mov     rdi, r9
        mov     rsi, O_WRONLY
        mov     rdx, 644o
        syscall                         ; open-Syscall
```

```
mov     rdi, rax                    ; fd from syscall before
mov     rax, 1
mov     rsi, fileCont
pop     rdx                         ; get stored length from stack
syscall                             ; write-Syscall

; close-Syscall
mov     rax, 3                      ; no mov rsi, ... needed
syscall                             ; rsi still hold fd
```

Zuerst holen wir uns die Anzahl der 8-Byte Blöcke vom Stack in rcx (pop rcx) und dann laden wir die Speicheradresse von fileCont in rbx (mov rbx, fileCont)

Dann folgt das Label _xor_file_loop, in dem die ganze Verschlüsselung stattfindet. Mit mov rax, qword [rbx] laden wir ein Quad-Word, also 8 Byte an Daten von der Speicheradresse in rbx nach rax. Dann führen wir die xor-Operation mit r8 (dem Passwort bzw. den letzten 8 Byte des Passwortes) aus und schreiben die Daten wieder zurück in ihren Speicherplatz. Diesmal müssen wir die Größe nicht angeben da das Register rax die Größe vorgibt - nur wenn wir Daten aus einem Speicherbereich in ein Register laden müssten wir die Operationsgröße angeben.

Dann Addieren wir 8 auf die Speicheradresse (add rbx, 8) um auf das Startbyte des nächsten 8-Byte Blockes zu zeigen und verringern den Counter um eins (dec rcx). Falls der Counter noch nicht bei 0 angekommen ist, springen wir zum Anfang der Schleife (jnz _xor_file_loop).

Dann folgt wieder der open-Syscall wie gehabt mit dem wir die Datei jetzt zum Schreiben (O_WRONLY) öffnen. Würden wir eine neue Datei erstellen wollen, müssten wir das Flag O_CREAT bzw. den Wert 64 angeben. Dann würde eine neue Datei mit dem in mode (rdx) angegebenen Rechten erstellt.

Danach folgt der write-Syscall, wobei wir hier mit pop rdx die zuvor auf den Stack gelegte Anzahl der gelesenen Bytes wieder laden und zum Schreiben verwenden. Es macht natürlich Sinn nur so viele Bytes zu schreiben, wie wir zuvor gelesen haben...

Danach wird die Datei mit dem close-Syscall geschlossen.

FLIESSKOMMAZAHLEN IN ASSEMBLER

Fließkommazahlen (Floats) werden mit eigenen Registern (zB `fpu0 - fpu7`) und einem ganz eigenen Satz an Befehlen bzw. Opcodes gehandhabt. In diesem Kapitel will ich Ihnen kurz die Arbeitsweise mit Floats zeigen, da sich diese ein den Ganzzahlen unterscheidet.

Außerdem unterscheiden wir hier zwischen "Single precision" mit 32-Bit und "Double precision" mit 64-Bit. Intern arbeiten die Floating-Point Register sogar mit 80-bit, was uns an dieser Stelle aber viel zu sehr ins Detail führt. Daher verweise ich Interessierte an das Intel Developer Manual.

Sehen wir uns vorab den Aufbau der 32- und 64-Bit Fließkommazahlen im Detail an:

32-Bit:

1bit Vorz.	8-Bit Exponent	23-bit Basiszahl

64-Bit:

1bit Vorz.	11-bit Exponent	52-bit Basiszahl

Wie sich manche Leser bereits denken sieht das verdächtig nach der wissenschaftlichen Schreibweise aus und im Grunde ist es genau das!

Die Besonderheit der Register `fpu0 - fpu7` ist, dass Sie wie der Stack arbeiten. Unter 32-Bit hießen diese Register `st0 - st7`. Das sollte man wissen, da zB IDA64 und `edb` immer noch die 32-Bit Bezeichner verwenden.

Bei diesem Projekt hatte ich allerdings das Problem, dass ich in IDA64 versehentlich die Datenbank gespeichert hatte, und dann eine spätere neu übersetzte Version des Codes nicht mehr laden konnte, da IDA immer die bereits zuvor disassemblierte Version aus der Datenbank lud und ein erneutes Laden der Datei mit `File -> Load file -> Reload input file` wurde mit einem Fehler abgebrochen.

Aus diesem Grund bin ich den pragmatischen Weg gegangen und da Cutter die FPU-Register nicht anzeigt, bin ich auf `edb` ausgewichen. Das Tool kann man bei vielen Distributionen mit dem Paketnamen `edb-debugger` nachinstallieren oder man holt sich die aktuelle Version von Github:

`https://github.com/eteran/edb-debugger`

Sehen wir uns zuvor den Test-Code an, den wir untersuchen wollen:

```
section .data
    list      dd  1.5
              dd  2.2
              dd  3.1
              dd  -1.1
    lenList equ ($-list) / 4

section .text
    global        _start

    _start:
        mov     rcx, lenList
        mov     rbx, list

        finit
        fld     dword [rbx]
        dec     rcx

        _foreach_loop:
            add     rbx, 4
            fld     dword [rbx]
            fadd
            loop    _foreach_loop

        ; get result in stack and then in rax
        fstp    qword [rsp]
        pop     rax

        ; exit
        mov     rdi, 0
        mov     rax, 60
        syscall
```

Bei dieser Gelegenheit kann ich Ihnen auch gleich zeigen wie man in Assembler mit Listen oder Arrays arbeiten kann. In der .data Sektion erstellen wir das Label list, unter dem wir vier Fließkommazahlen mit je 32-Bit anlegen.

dd steht hierbei für Define Double im Sinne von Double Word und nicht Double precision! Einen Double precision Wert mit 64-Bit würde man über dq (Define Quad) anlegen! Außerdem müsste man dann mit equ ($-list) / 8, qword [rbx] und add rbx, 8 arbeiten!

Die Befehle `mov rcx, lenList` und `mov rbx, list` legen die Anzahl der Elemente in `rcx` und die Speicheradresse der Liste in `rbx`. Dann kommt der erste neue Floating-Point Befehl.

`finit` (Floating point unit Initialise) leert die FPU-Register. `fld dword [rbx]` (Floating point Load) lädt die erste Zahl in das Register 0 - der Debugger müsste Ihnen nun ST0 valid 1.5 anzeigen. Warum das so ist, wird Ihnen gleich klar werden. Da wir nun die erste Zahl schon geladen haben müssen wir nun `rcx` um eines verringern (`dec rcx`).

Dann folgt unsere Schleife mit dem Label `_foreach_loop` in der wir die Zahlen aufsummieren. Zuerst addieren wir 4 zu `rbx` um auf den zweiten Eintrag im Array (`list`) zu zeigen. Sie sehen also Arrays sind nichts weiter als eine Reihe von Werten die im Speicher hintereinanderliegen und über einen Offset angesprochen werden.

Das `fld dword [rbx]` lädt den zweiten Wert in die FPU-Register und `edb` zeigt nun Folgendes:

```
ST0    valid  2.20000004768371582031
ST1    valid  1.5
```

Ihnen wird auffallen, dass der zweite Wert nicht stimmt und wir eine minimale Ungenauigkeit haben. Warum das so ist, wird Ihnen klar, wenn wir das Ergebnis wieder von Hand decodieren. Sie können im Anschluss an das Beispiel gern das Programm auf Double precision umschreiben und nochmals untersuchen dann wird ihnen auch klar, warum man 64-Bit Float-Zahlen Double precision nennt!

Wie Sie sehen verlangt `fadd` keine Parameter - genau darum müssen wir die zwei Werte auf den Stack legen. Sobald wir den Befehl ausführen, sehen wir:

```
ST7    empty  2.20000004768371582031  (ausgegraut)
ST0    valid  3.70000004768371582031
```

Man kann `fadd` also als `st0 = st0 + st1` verstehen! Hierbei wird `st1` aber auch gleich wieder geleert und die Anzeige mit dem alten Wert in `st7` werden wir in Zukunft nicht mehr beachten. Der `loop` Befehl ist ebenfalls neu in diesem Beispiel und ersetzt uns gleich drei Befehle:

```
dec    rcx
cmp    rcx, 0
jnz    _foreach_loop
```

Es gibt also noch einige Befehle mehr als das die grundlegenden Befehle, die wir in dem Buch bis dato behandelt haben. Auch daher sollte man sich mit dem Developer Manual auseinandersetzen! Ich wollte Ihnen in diesem Buch die Programmierung mit Assembler näher bringen und keine vollständige Befehlsreferenz erstellen...

90

Beim nächsten Schleifendurchlauf erhalten wir nach dem laden:

```
ST0    valid  3.0999990463256835938
ST1    valid  3.7000004768371582031
```

und nach der Addition:

```
ST0    valid  6.7999990463256835938
```

Nach der letzten Addition erhalten wir:

```
ST0    valid  5.6999992847442626953
```

Das `fstp qword [rsp]` ist nicht etwa ein Fehler - wir haben zwar die ganze Zeit mit Single precision gearbeitet, wollen aber nun einen Double precision Wert vom FPU-Register in den Stack legen. Das hat den Sinn, dass das gesamte Register überschrieben wird und eventuell vorhandene Bytes in `rax` die mit einem 32-Bit Wert nicht überschrieben würden das Ergebnis nicht verfälschen!

Die Floating Point Unit (FPU) macht diese Konvertierung für uns automatisch und legt die 8 Byte auf den Stack welche wir mit `pop rax` dann in das Akkumulator-Register laden.

Damit ist unser Programm quasi fertig - wir werden nun Python nutzen, um das Bitmuster in `rax` in eine Zahl zu verwandeln, da dies relativ aufwendig ist! Sie könnten auch die Datei `/lib64/ld-linux-x86-64.so.2` zu Ihrem Code dazu linken und dann die `printf`-Funktion aus Assembler aufrufen! Aber das überlasse ich Ihnen als Übung!

Wir sollten nun `0x4016ccccc8000000` in `rax` stehen haben. Mit einem Doppelklick auf das Register in `edb` bekommen Sie ein Fenster, in dem Sie die Zahl auch gleich rauskopieren oder verändern könnten.

Wandeln wir die Hexadezimalzahl zuerst mit Python in das Bitmuster um:

```
>>> print(bin(int("0x4016ccccc8000000", 16)))
0b100000000010110110011001100110011001000000000000000000000000000
```

Geteilt in einzelne Bytes ergibt das folgendes Bitmuster:

```
01000000 00010110 11001100 11001100 11001000 00000000 00000000 00000000
```

Python kürzt führende Nullen weg also müssen Sie darauf achten und fehlende Stellen ergänzen! Die fehlende Null für das positive Vorzeichen habe ich oben bereits ergänzt und fett dargestellt!

Teilen wir die Zahl nun wie zuvor gezeigt in die drei Komponenten auf:

1bit Vorz.	11bit Exponent	52bit Basiszahl
0	10000000001	0110110011001100110011001000000000000000000000000000

Die 0 steht hierbei für eine positive Zahl und eine 1 würde eine negative Zahl anzeigen.

Mit dem Exponenten müssen wir folgende Berechnung durchführen:

```
>>> print(int("10000000001", 2) - int("01111111111", 2))
2
```

Das liegt daran weil wir uns die führende 1 bei der Basiszahl nur "denken" und daher haben wir quasi 53- anstatt der 52bit. Die Berechnung ist dabei immer Exponent-Bitmuster minus 0b01111111111!

Die verbleibenden Bits der Basiszahl sind wie folgt zu verstehen:

$$0 \quad 1 \quad 1 \quad 0 \quad 1 \quad 1 \quad 0 \quad 0 \quad 1 \quad 1 \quad \ldots$$
$$1 + 0/2 + 1/4 + 1/8 + 0/16 + 1/32 + 1/64 + 0/128 + 0/256 + 1/512 + 1/1024 \ldots$$

Die führende 1 denken wir uns wie gesagt nur. Die einzelnen Bits stehen in diesen Fall für Brüche auf Basis von 2. Daher lassen sich beispielsweise 1.5 $(1 + 1/2)$ oder $1,125$ $(1 + 1/8)$ oder 2.75 $(1 + 1/2 + 1/4)$ ohne Rundungsfehler darstellen aber viele andere Zahlen sind nur Näherungswerte!

Daher sollte man bei Fließkommazahlen auch niemals auf Gleichheit prüfen, sondern darauf prüfen, ob der Unterschied unter einem bestimmten Grenzwert liegt!

Das Fließkommazahlen-Problem sehen Sie in Python zB anhand dieser Anweisung:

```
>>> (0.1 * 3) == 0.3
False
```

Drei mal 0,1 ist also nicht gleich 0,3 für den PC! Sie können als Übung in Assembler gerne untersuchen, warum das so ist...

Berechnen wir nun einmal die Basiszahl:

```
>>> 1 + 0/2 + 1/4 + 1/8 + 0/16 + 1/32 + 1/64 + 0/128 + 0/256 + 1/512 + 1/1024
1.4248046875
```

Damit haben wir als Ergebnis `1.4248046875e2`. Da wir binär arbeiten, ist das `e2` als 2^2 zu verstehen und nicht 10^2! Also berechnen wir das:

```
>>> 1.4248046875 * (2 ** 2)
5.69921875
```

Hätten wir die weiteren Stellen der binären Kette noch berücksichtigt, wäre das Ergebnis deutlich präziser! Je mehr "Nachkommastellen" wir haben ums kleiner wird also der Rechenfehler und umso besser wird die Präzision!

Für die weiteren Grundrechenarten haben Sie die `fsub`, `fdiv` und `fmul`-Befehlsfamilien. Sehen sich hierzu die entsprechende Dokumentation an und üben Sie, bis Sie die Arbeitsweise wirklich verstanden haben.

NACHWORT

Ich hoffe, ich konnte Ihnen Assembler etwas näher bringen und Ihnen zeigen, dass Assembler gar nicht so schwer ist! Die Programmierung damit ist gewöhnungsbedürftig und erfordert Disziplin und gute Dokumentation um sich leichter zurechtzufinden aber, wenn man sich einmal daran gewöhnt hat, alles von Hand zu machen und mit den wenigen Registern auszukommen, geht Assembler-Programmierung dann doch recht leicht von der Hand.

Nutzen Sie die Beispiel-Programme und experimentieren Sie damit herum und debuggen Sie möglichst jedes Beispiel bis Sie wirklich verstehen, was vor sich geht. Das ist meiner Meinung nach der beste Weg zu lernen.

In diesem Sinne wünsche ich Ihnen viel Spaß mit Assembler!

FEEDBACK & KRITIK

Wenn Sie Kritik, Anregungen oder auch nur ein Lob loswerden wollen können Sie mir gerne eine Email an die Adresse `mark.b@post.cz` senden.

Ich werde versuchen, Ihren Input in weiteren Buchprojekten und Neuauflagen zu verwirklichen.

BUCHEMPFEHLUNGEN

29,90 EUR

ISBN: 978-3751969925
Verlag: BOD

Bei meiner Arbeit stoße ich immer wieder auf Netzwerke und Webseiten mit erheblichen Sicherheitsproblemen. In diesem Buch versuche ich dem Leser zu vermitteln, wie leicht es mittlerweile ist, Sicherheitslücken mit diversen Tools auszunutzen. Daher sollte meiner Meinung nach jeder, der ein Netzwerk oder eine Webseite betreibt, ansatzweise wissen, wie diverse Hackertools arbeiten, um zu verstehen, wie man sich dagegen schützen kann. Selbst vor kleinen Heimnetzwerken machen viele Hacker nicht halt.

Wenngleich das Thema ein sehr technisches ist, werde ich dennoch versuchen, die Konzepte so allgemein verständlich wie möglich erklären. Ein Informatikstudium ist also keinesfalls notwendig, um diesem Buch zu folgen. Dennoch will ich nicht nur die Bedienung diverser Tools erklären, sondern auch deren Funktionsweise so weit erklären, dass Ihnen klar wird, wie das Tool arbeitet und warum ein bestimmter Angriff funktioniert.

24,90 EUR

ISBN: 978-3746093475
Verlag: BOD

Verfeinern Sie Ihre Hacking-Skills. Aufbauend auf diesem Buch tauchen wir noch tiefer in das Thema ein.

Lernen Sie wie Webseiten angegriffen werden, um an Ihre Daten zu kommen oder um den Nutzern trojanische Pferde unterzuschieben.

Darüber hinaus werden wir einen kleinen Hacking-Cluster und einige Hacker-Tools selber entwickeln, um genauer zu verstehen, wie diese Arbeiten.

Wer versteht, wie dies gemacht wird, der versteht auch wie man sich oder seine User davor schützen kann und wird solche Angriffe deutlich schneller erkennen!

Python ist eine leicht zu erlernende und dennoch eine sehr vielfältige und mächtige Programmiersprache. Lernen Sie mit der bevorzugten Sprache vieler Hacker, Ihre eigenen Tools zu schreiben und diese unter Kali-Linux einzusetzen, um zu sehen, wie Hacker Systeme angreifen und Schwachstellen ausnutzen. Durch das Entwickeln Ihrer eigenen Tools erhalten Sie ein deutlich tiefgreifenderes Verständnis wie und warum Angriffe funktionieren.

Nach einer kurzen Einführung in die Programmierung mit Python lernen Sie anhand vieler praktischer Beispiele, die unterschiedlichsten Hacking-Tools zu schreiben. Sie werden selbst schnell feststellen, wie erschreckend einfach das ist.

19,90 EUR

ISBN: 978-3748165811
Verlag: BOD

Durch Einbindung vorhandener Werkzeuge wie Metasploit und Nmap werden Skripte nochmals effizienter und kürzer. Nutzen Sie das hier erlangte Wissen, um Ihre Systeme auf Lücken zu testen und diese zu schließen bevor andere diese ausnützen können!

Viele Interessierte kribbelt es in den Fingern sich mit dem Thema Hacking zu beschäftigen und dieses Buch zeigt Ihnen wie Sie Ihr Wissen völlig legal in der Praxis testen können und damit sogar gutes Geld verdienen.

Folgen Sie uns auf den ersten Schritten zum Pentester und lernen Sie, wie Sie auf die Verwundbarkeit mit einem bestimmten Angriff testen und mit welchen Tools Angriffe dann durchgeführt werden können. Dabei legen wir auch Wert darauf Ihnen zu zeigen, wie man gute Reporte schreibt und welche Strategie uns bei realen Tests die besten Dienste geleistet hat. Dieses Buch macht Sie fit um in diesem Job richtig durchzustarten. Dabei verraten wir Ihnen gängige Fehlannahmen von Entwicklern und weniger offensichtliche Angriffe mit denen Sie in der Praxis punkten.

17,90 EUR

ISBN: 978-3749467310
Verlag: BOD